살레카나

자이나교의 자발적 단식 존엄사

일러두기

이 책은 다음과 같이 표기한다.

1. 외래어는 외래어표기법에 따랐으나 산스끄리뜨어 인명, 지명, 원전류 등의 독음은 원어 발음을 존중해 그에 따르고, 관용적인 표기와 동떨어진 경우 절충하여 실용적인 표기로 하였다.
2. 단행본·전집 등은 겹낫표(『 』), 논문·단편, 법률 등은 홑낫표(「 」), 그 외 TV 프로그램, 예술 작품 제목은 홑화살괄호(〈 〉)로 표시하였다.
3. 직접적으로 인용한 부분은 큰따옴표(" "), 재인용이나 강조한 것은 작은따옴표(' ')로 표기하였다.
4. 본문의 진한 글씨 및 밑줄은 저자에 의한 강조 표시이다.

살레카나

자이나교의 자발적 단식 존엄사

양영순 지음

씨아이알

들어가며

　인간은 자발적으로 태어나지 않으며, 대부분은 자발적으로 죽지 않는다. 태어남을 기억하지 못하지만, 세계 속으로 던져졌기에 살아야 하고 필연적으로 죽음을 맞이한다. 삶의 끝인 죽음은 삶이 있는 한 근원적인 공포로 내재되어 공존한다. 죽음이야말로 삶에 비자발적으로 던져진 인간의 절대적인 한계일 것이다. 이 한계를 자각하고 어떻게든 극복하고 초월하고자 하는 노력이 종교적 요구로 드러난다. 이러한 종교적 요구를 가장 원칙적이고 엄격하게 적용하고 실천하는 노력을 자발적인 단식사斷食死로 알려진 자이나교의 살레카나에서 찾을 수 있었다.

　자이나교는 불교가 태동했던 고대 인도의 슈라마나 출가 수행자들의 종교로서 불교와 쌍둥이 종교로 여겨질 정도로 유사한 부분이 많다. 불교는 역사적 변천을 거쳐 대승화되고 전파되어 오늘날 우리가 아는 다양한 모습의 세계종교가 되었지만, 이와 대조적으로 자이나교는 고대 인도의 수행주의 전통을 고수하면서 인도 내에서 뚜렷한 정체성과 영향력을 지닌 채로 인도인의 0.4%가량의 극소수 종교로 남아 있다. 이 자이나교 수행자들은 불살생과 무소유의 이상을 완전히 실현하고자 나체로 수행하며 작은 벌레도 죽이지 않기 위해 빗자루를 들고 다닌다. 그리고 생의 마지막에는 다르마를 지키며 온전한 죽음을 실현하기 위해 단식과 명상을 하며 살레카나를 실천한다.

에밀 뒤르켐David-Émile Durkheim은 『자살론Le Suicide: Étude de sociologie』에서 자이나교의 이 종교적 죽음을 자기를 부정하여 다른 목적에 헌신하는 이타적인 자살이라고 간단히 언급했다. 그렇다면 자살의 형태를 띠는 살레카나를 일반적인 자살로 이해할 수 있을까. 근원적 공포의 대상인 죽음을 자발적으로 미리 맞이하는 '자살'은 말 그대로 자발적 죽음으로서 주권의 표현이라고까지 말할 수도 있다. 그러나 삶의 고통에 충동적으로 저항하는 자살은 자발적 죽음의 형태를 띠지만 내적으로는 삶의 가장자리에서 내몰린 선택이기에 성숙한 자발적 죽음이 아니다. 자살이야말로 고민해야 할 근본문제라 말했던 알베르 카뮈Albert Camus도 탄생과 삶의 의미를 모르기에 자살을 택하지 않았다.

자이나교의 살레카나는 본질에서 일반적인 자살과 정반대의 동기와 성격을 보여준다. 카뮈가 자살을 고민했던 부조리의 지점에서 인도의 종교, 특히 슈라마나 전통의 자이나교는 부조리를 안고서 자기 초극의 수행을 시작한다. 삶의 부조리에 굴복한 자살과 부조리를 극복하기 위한 수행의 일환이자 완성인 살레카나는 정반대에 서 있다. 그들은 살아 있는 동안에 죽음을 선취先取하는 수행을 통해 죽음을 주체적으로 직면하고 극복한다.

일반적으로 힌두 전통에서는 죽음의례인 슈라다śrāddha의 정화과정을 통해 사자死者를 조상신으로 승격시키는 것을 바람직한 죽음으로 여긴다. 그러나 이러한 죽음의례를 거치지 않고 생전에 수행자들이 명상과 단식 등의 수행을 통해 죽을 경우 이미 정화된 완전한 죽음으로 신성시한다.

근대 인도의 종교운동가 비노바 바베 Vinoba Bhave(1895~1982)는 1982년에 질병에 걸리자, 그해 더 이상의 연명치료와 음식을 거부한 뒤 임종했다. 이러한 사례는 힌두 전통에서도 존경받는 바람직한 죽음이지만, 정확히는 자이나교의 살레카나와 같다.

그런데 이 살레카나를 2015년 8월 10일 라자스탄 고등법원에서 자살로 판결하자, 이에 강하게 반발하는 자이나교도들의 대규모 집회가 이어지며 이 판결에 항의하였다. 인권운동가 니킬 소니 Nikhil Soni가 2006년에 살레카나를 자살 및 자살교사죄로 기소하고 10년 뒤에 내려진 이 판결은 특별청원으로 뒤집혀 인도 대법원에서 보류 중이다. 현대 인도에서 자살법으로 기소되었던 살레카나는 자이나교에서 2,500년이 넘는 기간 동안 교주인 마하비라 Mahāvīra뿐 아니라 그 이전부터 신성시되어 추구된 수행이며, 오늘날에도 연간 수백 명이 살레카나로 삶을 마감하고 있을 정도로 살아 있는 전통이다.

과연, 인간이 자기 삶의 마지막을 깨어있는 정신으로 온전하게 마무리하고자 하는 주체적 권리를 현대 사회에서 금지할 수 있을까. 필자는 인도 정신의 뿌리에 있는 수행주의 acesticism의 꽃을 자이나교의 살레카나에서 볼 수 있었다. 무엇보다 자발적으로 굶어 죽는다는 극단적이고 고통스러워 보이기까지 하는 이 죽음을 제대로 알아보기 위해 자이나교 수행론을 연구하였다.

한국 사회의 '죽음의 질'은 다른 나라들에 비해 매우, 아니 극적으로 낮다. 무의미한 연명치료 끝에 맞이하는 공허한 의료사, 준비되지 않은 채로 홀로 외롭게 맞이하는 고독사가 늘어만 가는 한국 사회에는 정말 말 그대로 죽음의 그림자가 짙게 드리워져 있다. 나 역시 그런 죽음을 맞이할 한 사람이 될 가능성이 높다. 언젠가 살레카나 논문을 읽고 필자를 찾아와서 살레카나로 존엄사를 준비하고 싶다고 진지하게 말씀하셨던 분이 계신다. 빨리 더 많은 분들께 이 죽음을 알리고 소개해야 한다는 것을 깨달았다. 살레카나가 수록된 고층 문헌들을 친절히 알려주시고 광부가 금을 캐듯 함께 읽어주셨던 후지나가 신藤永伸 교수님, 이 연구의 출판을 권유해 주신 심재관 교수님, 부족한 원고를 정성껏 다듬어주신 김선경 에디터님께 깊이 감사드린다.

살레카나를 통해 인간이 맞이할 수 있는 온전한 죽음의 한 표상이 좀 더 많은 이들에게 전해지기를 바란다. 모두에게 오는 필연적인 죽음에 깨어있는 사회가 되기를, 그래서 어둡고 두려운 죽음의 세계를 조금 더 밝히기를 소망하며, 온전한 죽음을 꿈꾸며 준비하실 분들께 이 책을 드리고 싶다.

차 례

004 들어가며

제1장 살레카나란 무엇인가?
012 살레카나는 어떤 죽음인가?
016 영혼과 해탈의 종교, 자이나교는?

제2장 죽음을 기억하라, 메멘토 모리
028 삶과 죽음에 대해 전념하라
036 죽음의 징조를 파악하라
043 살레카나로 죽음의 징조를 맞이하라

제3장 살레카나를 행하다
050 고대의 자발적 죽음들
056 전통적 사례들
064 현대 인도인이 선택한 살레카나

제4장 단식사의 서약, 살레카나 브라따
074 임종의례로서 살레카나 브라따
083 자격과 목적, 누가 왜 행하는가
087 서약의 위배사항과 마음의 준비
088 단식 존엄사, 살레카나의 실행
096 명상적인 죽음, 사마디마라나

제5장		**남은 질문, 과연 자살인가?**
	102	살레카나는 자살인가?
	111	살레카나는 아힘사에 포함되는가?
	116	붓다는 왜 자살을 허용했는가?
제6장		**남은 과제, 존엄한 죽음**
	124	존엄사 논란
	130	자발적 단식사 VSED와 살레카나
	136	자기결정권에 따른 죽음의 자유
	142	나가며
	145	미주
	152	참고문헌

제1장

살레카나란 무엇인가?

제1장

살레카나란 무엇인가?

> 스승이시여, 저를 이끌어 주십시오. 저는 살레카나를 하기 위해 이곳에 왔습니다. 제가 살아 있는 한 이 서약을 지키겠습니다. 저는 이 서약에 대해 어떤 의심도 두려움도 없습니다. 저는 이제부터 마지막 숨이 끊어질 때까지 모든 음식과 마실 것을 포기하겠습니다.
>
> (『숫따가메Suttagame』 2)

살레카나는 어떤 죽음인가?

 살레카나sallekhanā는 자이나교 신자들이 자신들의 종교적 신념에 따라 선택적으로 생의 말기에 단식과 명상을 행하면서 죽음에 이르는 임종 수행이다. 이는 한국 사회에 일부 단식사斷食死로 알려져 있지만 대부분의 사람들에겐 생소한 죽음이다. 자이나교도들은 살레카나를 인간이 행할 수 있는 최상의 죽음, 즉 웰다잉well-dying으로 여긴다. 자이나교와 같은 전통에서 잉태되어 세계적인 종교로 발전한 불교에서도 출가자들의 죽음을 입적入寂이나 열반涅槃으로 표현한다. 많은 불교 수행자들이 임종 시까

그림 1 현자의 죽음: 살레카나를 행하는 두 명의 출가자(영국 도서관)[1]

지 깨어있는 명상 수행에 전념하다가 앉은 채로 죽음을 맞이하고자 노력하기도 한다. 천주교나 개신교에서도 올바른 죽음을 기리는 용어로 선종善終이나 소천召天이란 말을 쓴다. 모두 삶을 다하고 온전하게 좋은 죽음을 맞이한 종교인들에게 쓰는 말이다.

자이나교의 살레카나 역시 그러한 '좋은 죽음'이지만, 절차에 맞게 단식과 명상을 행하는 이 방법이 종교적 계율로까지 규정되어 있다는 점을 주목해야 한다. 불교나 타 종교에서는 이러한 죽음의 방법이 구체적인 계율로까지 제정되어 있지는 않았다.

자이나교의 좋은 죽음(웰다잉)으로 알려진 살레카나의 정확한 의미를 살펴보자. 산스끄리뜨어 살레카나는 그 의미상 '바른 sat 소멸 lekhanā'을 뜻한다. lekhanā의 뜻은 소멸 외에도 '축소, 깎여져 나감, 죽음' 등을 의미한다. 무엇이 소멸되어야 하는 것일까. 살레카나의 방법을 설명하는 자이나 수행 경전에 따르면, 살레카나에 의해 '신체와 욕망'이 바르게 소멸되어야 한다. 이는 어차피 죽음에 의해 사라질 신체와 삶에 대한 욕망일 것이다. 그러나 신체는 우리 눈에 보이는 물리적인 신체만을 말하는 게 아니다. 이 거칠고 가시적인 물리적 신체는 죽음 이후 땅과 자연, 그리고 허공 속으로 사라지지만 그 이후에도 또 다른 미세한 신체가 있다.[2] 눈에 보이지 않는 미세한 실체이지만 윤회의 주체가 되는 까르마의 신체 karmaśarīra, 業身까지도 온전한 방식으로 정화하고 소멸시켜야 한다. 그래서 이 두 층차의 신체를 소멸시키는 살레카나를 구분하여 물리적 살레카나와 정신적 살레카나라고 부른다.[3] 물리적 살레카나가 신체를 소멸한다면 정신적 살레카나는 생존을 지속시키며 새로운 재생을 낳는 불씨인 욕망과 미세한 까르마들을 소멸시키는 것이다.

역사적으로 이 살레카나에 관한 다양한 이름들이 있었다. 살레카나는 자이나교의 주요 두 종파[4]인 백의파와 공의파 중에서 주로 백의파에서 쓰이는 용어로서 주로 단식사 fasting up to death로 알려져 있다. 단식을 통해 신체적 기능과 생명 활동 그리고 생존에 대한 욕망을 소멸시키는 측면을 강조한 용어이다. 그러나 공의파에서는 다른 용어, 사마디마라나 samādhimaraṇa를 사용하기도 한다. 직역하면 삼매사三昧死인 사마디마라나는 '명상적인 죽음'으로서 살레카나와 동의어이다. 공의파의 용어사전인 『자이넨드라 싯단따 꼬샤 Jainendra Siddhāta Kośa』에서도 사마디마라나 항목은 "살레카나를 보라"고 되어 있다.

역사적으로 7~13세기 공의파가 주로 활동하던 지역인 인도 남부의 슈라바나벨라골라 Shravanabelagola에는 이 죽음을 기리는 수많은 기념비 niṣidhi들이 세워졌다. 나체 수행자들의 공의파에서는 단식을 강조하는 살레카나보다 주로 평온한 명상에 잠긴 임종임을 강조하여 사마디마라나라는 용어를 사용했다. 죽음에 이르는 무기한의 단식을 행하면서도 두려움 없이 고요하고 평온한 마음을 유지하는 수행자의 이상을 담은 명칭이 바로 사마디마라나이다.

자이나교의 문헌들은 산스끄리뜨어뿐 아니라 아르다마가디어 등의 다양한 지역의 속어들로 쓰여 있어 그 내용에 접근하기 어렵지만, D.S. 바야Baya(2006)는 『Death with Eqaunimity』를 통해 이 자이나 단식사를 광범위하게 연구했다. 바야는 공의파의 사마디마라나에 해당하는 백의파의 또 다른 용어 산타라saṃthāra를 인급했다. 산타라는 살레카나를 행하는 '임종의 침상'을 뜻하는 용어로서, 백의파에서 살레카나는 산타라를 위한 예비적이고 신체적인 단계로 구분되기도 한다. 살레카나는 이 임종 수행의 과정에서 단식의 측면을 강조한 술어로서, 까르마가 음식과 식욕을 통해 체내로 유입되는 것을 막고, 무의미한 살생을 막기 위한 것이다. 그러나 아무리 단련된 수행자일지라도 극심한 허기짐에 마음이 동요되면서 새로운 심리적 까르마를 일으킬 수 있기에 마음의 평정을 강조하는 단계로서 산타라를 강조한 것이다. 세계적으로는 살레카나라는 용어가 가장 널리 쓰이지만, 인도 내 매체에서는 산타라라는 용어도 자주 쓰이는데, 사마디마라나는 상대적으로 드물다. 이는 아무래도 자이나교의 백의파가 공의파에 비해 사회적으로 더 활동적이기 때문에 백의파의 용어가 더 자주 쓰이기 때문일 것이다.

사마디마라나라는 개념이 알려진 이유는 S. 세터Setter가 『Inviting Death』(1989)에서 인도 남부의 슈라바나벨라골라 지역에 중세까지 널리 세워졌던 기념비문을 연구하여 제시했기 때문이다. 공의파의 주된 활동지였던 이 지역에서는 살레카나라는 용어 대신 사마디마라나를 통해 이 죽음의 사례들을 기념비로 기렸다. 그런데 비문에는 사마디마라나와 살레카나 이외에도 다양한 동의어들이 나타난다. 이 동의어들을 통해 이 죽음에 대한 그들의 인식을 엿볼 수 있다. 임종 시에 수행자가 자이나교 성전의 지혜에 머문다는 의미에서 아라다나ārādhana, 자이나교의 기도 만뜨라를 읊으며 명상하기 때문에 빤짜빠다 pañcapada, 자제와 금욕을 지키기 때문에 산야사나 sanyasana, 바른 지혜를 갖춘 현자의 죽음이기 때문에 빤디따 paṇḍita, 일상을 뛰어넘는 극기와 고행의 죽음이므로 쁘라요가빠가마나 prāyogapagamana라고도 불린다. 그러나 이 다양한 술어들이 가리키는 죽음은 한 가지이다. 단식, 명상, 절제, 성전 학습, 기도 등으로 이뤄지는 수행자의 깨어있는 존엄한 죽음인 것이다.

영혼과 해탈의 종교, 자이나교는?

자이나교도들은 출가자와 재가자를 막론하고 왜 이러한 죽음을 신성시하며 추구하는가. 이를 이해하기 위해 우선 자이나교의 존재론과 해탈론을 이해해야 한다. 그들이 보기에 이 세계에 진정으로 존재하는 것은 영혼과 물질들이다. 이 영혼과 물질은 신神이 창조한 것도 아니고 시작도 알 수 없지만, 다만 우리 앞에 분명하게 실재하고 활동하는 실체이다. 그들이 보기에 이 세계에 진정으로 존재하는 것은 영혼과 물질들이다. 그러나 물질과 영혼의 시초에 관해 자이나교는 대답하지 않는다. 우주가 빅뱅과도 같은 팽창과 소멸의 주기를 무한하게 반복하는데, 팽창기에 물질과 영혼들이 우주 공간에서 상호작용하며 존재하는 것을 확인할 수 있을 뿐이다. 영혼과 물질은 모든 만물이 산출되는 유일한 일자一者나 근원적인 의식이 지어낸 환영도 아니다. 자이나교의 영혼과 물질들은 각자 개별적인 수많은 실체로 존재하며 서로에게 무한한 영향을 끼치고 있다.

그런데 이 영혼과 물질의 상호작용이 이뤄지기 위해서는 허공ākāśa이 있어야 하고, 그 안에서 영혼과 물질이 움직일 수 있는 운동의 원리 dharma

그림 2 우주를 도상화한 자이나교의 로까
뿌루샤(Lokapuruṣa, 영국 도서관)

가 있어야 한다. 운동은 또한 그것의 반작용인 정지의 원리adhamrma와 함께 작동한다. 그리고 이러한 공간적 활동을 가능케 하는 시간 원리kāla가 있다는 간명한 존재론을 지니고 있다. 영혼과 물질이 운동하는 시공간의 장이 바로 우주이며, 이 우주를 자이나교에서는 로까oka라고 표현한다. 이 우주는 마치 사람의 형상과도 같다고 하며, 사람을 뜻하는 뿌루샤puruṣa를 더하여 '로까뿌루샤'라는 자이나교의 우주도상, 즉 만다라로 표현된다. 그래서 이 우주를 구성하는 영혼, 물질, 허공, 운동, 정지, 시간이라는 6가지 실체dravya들이 바로 실재sat이다. 여기에서 흥미로운 것은 시간 이외의 요소들은 모두 공간적인 요소라는 점이다. 자이나교 사상사에서 공간적 실체들과 달리 시간이 실체의 범주에 포함된 것은 후대였다. 고대인들에게 시간을 실재의 여부로 인정하느냐의 여부는 일관되지 않았다. 아마도 공간이 신체적 감각을 통해 체감되는 요소인 반면, 시간은 감각으로 잡히지 않는 모호한 어떤 것이자 주관적으로 그 측정이 변화하는 것이기 때문일 것이다. 그래서 자이나교에서 시간 개념은 실체로서의 진정한 시간과 인위적으로 측정되어 분할되는 가변적인 시간 두 가지로 구분되기도 했다. 진정한 시간 개념은 마치 뉴턴이 말한 우주 어디서나 모든 관찰자에게 동일하게 흐르는 절대 시간의 개념과 유사하다. 그러나 아인슈타인은 특수 상대성 이론에서 절대적으로 균일한 시간의 흐름은 없으며, 관찰자의 운동이나 중력장에 따라 시간이 신축적이며 상대적이라고 주장하는데, 자이나교의 두 차원의 시간이 뉴턴과 아인슈타인의 시간 개념에 대응된다고 해석할 수도 있다.

존재론은 보통 다원론, 이원론, 일원론으로 구분되며, 그 근원의 성격이 물질적인가 관념적인가에 따라 실재론, 관념론으로 나뉘기도 한다. 자이나교의 존재론을 간단히 정리하자면, 실체인 영혼과 물질이 또 다른 실체인 시공간의 장場 안에서 작용하는 다원론적 실재론이다. 그러나 자이나교는 표면적으로는 다원론적 실재론이지만, 실제로는 영혼을 중시하는 이원론二元論의 종교이다. 서구 철학사에서도 이원론은 플라톤을 시작으로 근대의 데카르트에 이르기까지 철학의 주류를 차지했다. 영혼과 물질, 본질의 이데아계와 감각세계, 정신과 물질이라는 두 근원을 정립하고, 그로부터 다시 두 세계의 만남으로서 인간 존재와 세계를 설명해내야 하는 과제가 서구 철학사에서 반복되어 왔다. 이는 이원론이 지닌 필연적인 철학적 숙제이자 난관이었다. 이원론인 자이나교도 영혼과 물질세계와의 상호작용을 설명해내야 했다. 그 숙제는 인도 종교와 철학에서 다소 쉽게 접근할 수 있어 보인다. 이는 무엇보다 그 철학적 과제의 출발점과 지향점이 애초에 '영혼의 자체적인 구원(해탈)'이라는 실천적인 데 있으며, 영혼의 행위라는 가변적이며 과정적인 변수에 의해 배타적으로 보이는 두 원리의 상호작용이 설명되기 때문이다.

자이나교는 영혼이 행하는 행위karma에 따라 물질과 다양한 관계가 형성된다고 보았다. 존재의 근원인 두 실체, 곧 영혼과 물질의 상호작용은 까르마karma, 業를 발생시킨다. 까르마라는 개념은 고대 인도에서 행위(업)를 의미하면서 동시에 행위로 인해 생겨난 어떤 불가사의한 힘(업력)까지 포괄한다. 이는 내가 a라는 힘을 가하여 컵이 떨어지는 b라는 작용의 인과 관계에서 확인되는 가시적이고 물리적 힘에만 국한되지 않는다. 이 세상 누구도 확인할 수 없는 곳에서 홀로 행한 악한 행위도 비가시적이지만 어떤 불가사의한 힘으로 작용한다. 까르마는 반드시 그에 상응하는 결과를 낳는 행위이자 힘으로 작용하여 인간의 현생과 내생에까지 영향을 끼치는 운명과도 같은 것이 되었다. 이 까르마 개념은 우빠니샤드 시대부터 형성되어 고대인의 윤리의식과 세계관에 근본적 영향을 끼쳤다.

자력적인 수행으로 해탈을 추구하는 자이나교는 이 까르마 개념을 철저하게 받아들여 독자적으로 발전시켰다. 이 까르마는 신이 관여하는 것이 아니라 인간 자신의 행위에서 기인한다. 자이나교에서는 모든 생명체, 그리고 모든 인간 안에는 영혼jīva, ātman이라는 실체가 깃들어 있다고 본다. 까르마는 본래 순수하고 모든 것에 대한 앎을 지니고 있는 '영혼의 행위'에서 비롯된다. 모든 행위의 주체는 영혼이기 때문에 영혼의 행위이자 그 결과가 바로 까르마이다. 영혼과 물질은 각기 독립된 실체이지만, 영혼의 행위에 따라 영혼에 끈끈한 까르마의 물질 karmapudgala이 붙어버리고, 까르마 물질들의 장막 karamāvaraṇa인 업장이 형성된다. 영혼의 행위는 완전히 깨달아 해탈을 이룬 자가 아니라면, 필연적으로 그 행위로 인해 즉각적으로 물질과의 상호작용을 일으키기 때문에 여기에서 까르마가 물질적인 것이 되는 것이다. 인도 사상에서 까르마를 물질적인 것으로 이해하는 자이나교의 독특한 입장이 흥미롭다. 순수한 영혼에 붙은 업장의 종류에 따라서 영혼에는 미세한 차원의 다양한 색채들이 발생한다. 이 영적 색채를 레샤 leśyā라고 하는데, 현대적으로 말하는 일종의 오라나 후광이라

그림 3 레샤를 표현한 자이나교 도상(영국 도서관)

고 이해할 수도 있다. 거친 물질 입자를 꿰뚫어 미세한 차원의 에너지를 보는 스승들에게는 보이는 영적 색채라고도 한다.

그렇다면 본래 순수한 영혼이 어째서 이렇게 쉽게 물질에 오염되는가. 우주에 존재하는 수많은 물질과 공존하는 영혼은 반드시 오염되어야만 하는가. 그렇지는 않다. 영혼이 탐욕과 분노, 시기, 무지 같은 오염된 감정을 지닐 때 영혼에서 발생하는 진동으로 축축하고 끈끈해지면서 이곳에 허공에 있는 물질들이 달라붙어 업장이 형성되는 것이다. 마치 빨래로 축축해진 옷에 습기로 인해 먼지가 잔뜩 들러붙는 것과 같다.

그러나 자이나교는 물질의 실체성과 힘을 분명히 인정하지만 그들의 황금률은 영혼에 있다. 영혼의 원어인 지바jiva의 본뜻은 '살아' 있는 어떤 것'이며 생명체를 가리킨다. 물론 영혼이 생명체 그 자체를 뜻하지는 않는다. 왜냐하면 영혼은 까르마에 따라 식물, 고양이, 남성의 형태에 맞는 물

그림 4 빨래하는 자이나 테라판타파 비구니 스님들

질적 신체가 형성되며 그 안에 깃들어 생명체가 되기 때문이다. 고대 자이나교도들은 살아 있는 모든 생명체 속에서 언제 어디에서나 그것을 생명체로 살도록 하는 물질 너머의 실체적 힘을 본 것이다. 그래서 초기 자이나교에서는 영혼을 지바로 불렀던 것이다. 체험적이고 직관적인 접근이다. 이러한 지바는 인간에만 깃든 것이 아니다. 지바는 동물, 나무, 꽃, 심지어 흙, 물, 바위, 공기에도 깃들어 있다. 인간과 모든 생명체가 살아 있는 것은 바로 이 지바, 즉 영혼이 깃들어 있기 때문이다.

여기에서 자이나교의 절대적인 윤리지침인 아힘사ahiṃsa, 즉 불살생이 요청된다. 인간 자신이 절대적으로 두려워하고 피하는 것은 자신의 생명성이 다치고 파괴되는 것이다. 마찬가지로 모든 생명체가 그러하기에 절대로 어떤 생명도 다치게 하지 않는 것인 불살생이 자이나 수행과 윤리의 근간이다.

영혼이 물질과 결합하여 신체화될 때는 무수한 까르마의 원리가 복잡하게 작용한다. 인간, 여성, 한국인, 키, 목소리, 머리카락, 시력, 치아 등을 형성케 하는 까르마의 힘에 따라 물질 입자가 결합하여 그 신체에 영혼이 깃든다. 그렇게 인간으로 태어난 영혼은 살아가면서 무수한 행위와 그에 따른 까르마를 형성하며 죽음을 맞이한다. 영혼이 한 인간으로 태어나기 전에 갖고 온 까르마, 그리고 살면서 다시 형성한 까르마는 다음 생으로 이어져 끝없는 윤회를 반복한다.

이 끝없는 윤회의 삶은 덧없고 고통스러운 것이다. 동시대의 종교 지도자였던 붓다가 선언한 삼법인三法印, tilakkhaṇa 가운데, 제행무상諸行無常. Anicca(모든 것이 변화한다), 일체개고一切皆苦. Dukkha(모든 것이 고통스럽다)의 진리는 자이나교에도 동일하게 적용된다. 다만 자이나교에서 제법무아諸法無我. Anatta(모든 것에 나라고 할 만한 실체가 없다)는 적용되지 않는다. 살아 있는 수

많은 생명체에 깃든 영혼(지바)은 가장 분명한 실체이므로 오히려 제법유아일 것이다. 다만, 모든 살아 있는 생명체와 영혼이 끝없이 고통 속에서 헛되이 윤회하니, 물질의 속박에서 벗어나 영원한 자유의 세계로 가야 한다. 영원한 자유의 세계로 해탈하는 것, 붓다가 도달한 열반의 세계(열반적정)와는 과연 다를까.

불교의 열반, 즉 니르바나 nirvaṇa는 어원적으로 '불을 끈다'는 뜻이지만, 자이나교의 궁극적인 해탈을 뜻하는 목샤 mokṣa는 어원적으로 '무언가로부터의 풀려남'을 뜻한다. 이는 영혼이 물질적인 까르마의 속박에서 풀려나와 순수성을 회복하는 것이며, 영혼이 홀로 자재하는 독존獨存, kevala으로도 설명된다. 자이나교 입장에서는 불교에서 말하는 열반, 즉 탐진치의 불을 끄는 것은 다만 업물질이 유입되는 통로를 차단하는 것일 뿐이다.

이를 이해하기 위해 자이나교에서 말하는 '해탈의 길'을 살펴보자. 자이나교의 존재론은 앞서 말했듯이 표면적으로는 6가지 실체의 다원론이지만, 활동적 실체인 영혼과 물질의 이원론에 기반하여, 이 물질의 오염에서 영혼이 해방되는 정화의 길을 추구하는 해탈론으로 이어진다.

이것은 자이나교의 근본 성전인 『땃뜨바르타수뜨라Tattvārthasūtra』 1장에서부터 설명된다. 이 경전의 1장 14송은 해탈의 원리를 설명하고자 "7가지 진리諦, tattva는 영혼jīva, 물질ajīva, 유입āsrava, 속박bandha, 차단saṃvara, 소멸nirjarā, 해탈mokṣa"이라고 말한다. 이는 자이나의 7제 이론으로 영혼이 물질의 속박상태에서 해방으로 나아가는 과정을 도식화한 것이다. 이 7제 이론은 불교의 고집멸도라는 4성제에 상응한다. 집착에 의해 고통이 있고, 8정도의 수행에 의해 해탈한다는 원리는 자이나 7제에도 통용된다. 영혼에 물질이 유입되어 업장이 형성되어 영혼의 능력과 빛이 가려지면서 속박되는 차원은 4성제에서 고성제(고통의 원리)와 집성제(집착의 원리)에

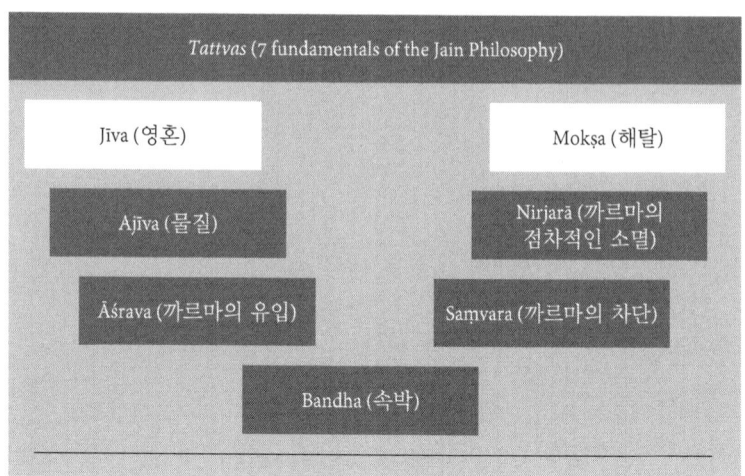

그림 5 자이나교의 7제 tattva 이론(Jaina, CC BY-3.0)

해당한다. 한편 더 이상의 물질적 유입을 차단하고 기존에 형성된 업장을 정화하고 소멸시켜 해탈에 이르는 차원은 도성제(수행의 원리)와 멸제(열반의 원리)에 해당한다. 그러나 자이나교의 도성제와 멸제는 불교와 달리 물질세계의 분명한 영향력과 속박에 대한 인식에서 시작한다. 영혼의 탐진치로 인하여 영혼에 물질이 유입되어 부착됨으로써 영혼의 본성이 제한되고 가려져 물질에 속박되어 버린다. 이 영혼이 물질에서 자유로워지려면 새로운 물질의 유입을 막아야 하고, 기존에 부착된 물질들도 소멸해야 한다.

이 두 차원의 과정인 차단과 소멸의 방법이 자이나교에서는 수행법으로 구체화되어 있다. 자이나교의 수행론을 면밀하게 연구한 로버트 윌리엄스 Robert Williams(1963)의 역작인 『자이나 요가 Jaina Yoga』는 실질적으로 브라따 vrata의 연구로 일관되어 있다. 브라따는 종교적 맹세, 서원, 즉 서약을 뜻하며 불교의 계율에 해당하는데 자이나 수행의 기본 토대이자 구체적 지침들이다. 이 자이나교의 수행지침인 브라따, 즉 서약체계 안에 살 레카나 서약도 분명하게 자리 잡고 있다. 살레카나의 서약에 관해서는 뒤에서 다시 살펴보자.

다시 돌아와서, 자이나교에서 해탈을 위한 수행은 오래도록 쌓여온 까르마들을 하나하나 평생에 걸쳐 정화해가야 하는 점진적인 것이다. 불교의 해탈도는 대승불교 및 선종에 이르러서 돈오돈수頓悟頓修, Subitism나 돈오점수頓悟漸修의 흐름도 생겨나지만, 자이나교의 수행도는 기본적으로 철저한 점수점오漸修漸悟의 길이다. 점차 닦아 나가고 점차 깨달아 종국에 완성하는 것이다. 인간으로 태어나서 규칙적으로 밥을 챙겨 먹으며 육신을 이끌어가듯이, 영혼의 삶은 죽음에 이르기까지 닦는 수행으로서 완성된다. 해탈을 완성한 자이든 아니든, 아닌 자들이라면 더욱 임종의 시기는 가장 중요한 수행의 시점이다.

그래서 자이나교에는 임종 수행 지침으로서 살레카나 서약이 체계화되어 있을 뿐 아니라, 많은 경전이 임종 시에 행해야 할 단식이나 마음가짐에 관해 강조하고 있다.

제 2 장

죽음을 기억하라, 메멘토 모리

제 2 장

죽음을 기억하라, 메멘토 모리

모든 마음의 상태를 깨끗하게 하여, 마음을 완성으로 향하여 신뢰하고 죽음의 침상에서 다음과 같이 마음을 전념해야 한다.

현자는 죽음의 순간 영혼에 붙은 까르마의 물질이 방출될 때, 오직 바른 믿음과 깨어있는 의식에 의지하여 순수한 본성(영혼)에 집중해야 한다.

죽는 이 순간에 바로 출가의 의의가 달성된다. 죽을 때 전혀 헤매지 않는 수행자가 성취자siddha이다.

(『짠드라베다까』)

삶과 죽음에 대해 전념하라

'죽음을 기억하라'는 뜻의 라틴어 문구, '메멘토 모리memento mori'는 본래 로마 시대에 전쟁에서 이기고 돌아온 개선 장군에게 외치던 가르침이다. 비록 오늘 온 세상을 가진 자라도 언제 닥칠지 모르는 죽음을 잊지 말고 겸허하고 소중하게 살아가라고 가르친 것이다.

로마 시대 이후 메멘토 모리의 가르침은 페스트가 창궐하던 중세 후기와 르네상스 시대에 서구인들의 문학, 예술 작품에 널리 나타난다. 특히 그리스도교에서 좋은 죽음을 가르치는 임종 지침서들이 나타났다. '죽음의 기술'을 뜻하는 아르스 모리엔디Ars moriendi류의 저서들은 죽음의 순간에 겪는 정신적인 유혹과 고통, 그리고 구원의 방법, 무엇보다 올바른 죽음을 맞이하는 방법들을 신학적이면서도 대중적인 필치로 설명하고 있다. 1460년경에 도미니크 수도사 가브리엘 비엘Gabriel Biel의 『The Art of Dying Well』에는 E.S. 마스터Master의 판화 그림들이 수록되어 있다. 그림은 임종자가 하나님과 그 세계에 대한 믿음을 잃고, 유혹에 시달리며 고통받는 모습을 묘사하고 있다. 이는 대승불교에서 발전한 정토 신앙을 떠올리게 한다. 무한한 빛과 생명의 존재인 아미타 부처님amitābha을 임종 순

그림 6 E.S. 마스터의 판화 그림 〈죽는 순간에 믿음의 결여로 생기는 유혹들〉(아쉬몰리안 박물관)

간에 기억하고 믿음으로써 구원받는다는 신앙은 자신의 수행과 깨달음으로 스스로 열반에 도달하기를 추구해 온 자력적인 불교와는 달리 타력적인 구원의 길을 보여준다. 그러나 아무리 타력적인 길일지라도 구원의 대상에 대해 자신의 마음을 합치시키는 믿음의 노력은 필요하다.

유럽, 그중에서 특히 15세기 영국에서는 신학자들이 아르스 모리엔디를 『The Book of the Craft of Dying』이라는 책으로 제시하면서 일반 대중에게 좋은 죽음의 가치를 각인시켰다. 영국 사회는 오늘날에도 전 세계적으로 죽음의 질이 가장 높은 나라로 손꼽히는데, 그 문화의 뿌리를 이런 흐름에서도 확인할 수 있다.

인도에서는 메멘토 모리의 가르침이 이미 기원전 6세기부터 나타난다. 붓다는 출가하기 전에 싯달타 왕자로서 왕궁에 세속적 쾌락을 누리다가, 동서남북의 네 성문에서 탄생, 늙어감, 질병, 그리고 마지막에 죽음을 목격한 후에 삶의 무상함을 절감하고서 출가를 결심하게 된다. 동서고금을 막론하고 죽음은 인간이 겪는 절대적인 한계로 자리 잡고 있다. 붓다는 제자들에게 생전에, 그리고 유언으로서도 모든 것이 변화하고 죽음에 이르니 이를 명심하고 게으르지 말고 정진하라고 당부했다. 더 나아가 필연적인 죽음을 잊지 않고 바른 임종을 준비하라는 내용은 불교 경전에 자주 나타나는 가르침이며, 마찬가지로 수행주의 종교인 자이나교에서도 고층 성전에서부터 그 내용이 나타난다. 초기 불교의 역사에서 붓다의 가르침과 계율, 사상을 경율론의 형태로 3차 결집하여 완성했듯이, 자이나교에서도 마하비라와 자이나 전통의 가르침을 성전의 형태로 결집했다. 그러나 지역적으로나 사상적으로 격차가 컸던 공의파와 백의파는 마하비라 사후 160여 년이 지나서야 최초로 성전을 편찬했으나, 성전에 관해 공통된 합의에 도달하지는 못했다.

자이나교 백의파가 정립한 성전 체계는 크게 다음과 같이 분류된다.

a. 뿌르바 pūrva: 14편
b. 본 경전편 aṅga: 12편
c. 외 경전편 aṅgabāhya: 34편
d. 잡 경전편 prakīrṇakasūtra: 20편[1]

이 중 마하비라를 포함하는 교주 tīrtaṅkara 24인의 가르침을 집성한 것으로 여겨지는 뿌르바는 두 종파에서 모두 소실되었다고 인정한다. 공의파는 백의파의 성전 분류에서 a, b, c의 분류에 나타나는 성전 목록은 인정하지만 그것이 마하비라와 전통의 가르침을 온전히 담고 있다고는 여기지 않아서 이외에 추가적으로 다른 성전 체계를 제시했으며, 잡편은 인정하지 않았다.

위의 성전군에서 살레카나로 죽음을 맞이한 출가자들이나 이름 모를 수행자들의 이야기들이 곳곳에서 나타나고, 외 경전편에 속한 출가자들의 행위 규범을 담은 체다수뜨라 Chedasūtra의 『브리핫깔빠 Bṛhatkalpa』나 『비야바하라 Vyavahāra』 등에 살레카나 실천법 등이 담겨 있다.

그리고 흥미롭게도 이외에 죽음에 관한 가르침은 잡편을 뜻하는 쁘라끼르나 prakīrṇaka류에 속해 있다. 이 성전군에는 살레카나에 대한 성전 외에도 임종 준비 및 수행을 다루는 경전이 많이 속해 있다.[2]

대표적으로 『아뚜라쁘라띠야캬나 Āturapratyākhyāna』는 죽음의 순간에 출가자가 지켜야 지침을 담은 성전이고, 『박따빠리즈냐 Bhaktaparijñā』는 임종에 이르기까지 음식을 끊는 단식에 관해 설명한다. 또한 『삼스따라까 Saṃstāraka』는 임종을 준비하고 의식이 깨어있도록 주의를 기울이는 법에 관해 설명한다. 그중 임종 수행을 다루는 『마하빠짜카나 Mahāpaccakkhāna』에서는 이렇게 말한다.

> 마하비라와 성자들은 고독한 승원 생활의 가치를 가르치고 칭송했다. 고귀한 영혼들이 행해온 이 자발적이고 평온한 죽음은 알려져야 한다. 이 죽음을 원하는 자는 우선 말해야 한다. "저는 정식으로 유익한 자발적 죽음인 사마디마라나를 받아들이겠습니다. 이 사마디마라나는 이전 선각자들인 교주들이 가르쳐 왔기에, 삶의 마지막에 받아들일 가치가 있는 것입니다." (『마하빠짜카나』 126-127)

사마디마라나라는 용어는 주로 공의파 문헌에서 나타나지만, 백의파 문헌에서도 고층 문헌의 경우 살레카나를 사마디마라나로 칭하는 경우가 많다. 잡편 중에서 가장 눈에 띄는 수행서인 『짠드라베다까 Candravedhaka』의 마지막 장은 죽음의 덕德을 설한다. Candravedhaka(Candāvejjhaya)는 '과녁의 중앙을 쏘는 자'라는 의미로 비교적 늦은 시기의 성전인데 성립 연대는 불분명하며 마하라슈뜨리어 Mahārāṣṭri로 쓰였다. 이 성전의 제7장 죽음의 덕 (117-175)에는 자이나교의 죽음관과 살레카나의 내용이 담겨 있다.[3]

이 성전이 말하는 과녁의 중앙이란 무엇이며 어떻게 쏜다는 것일까. 『짠드라베다까』는 다음과 같이 말한다.

> 무지한 사람이 제어되지 않은 말을 타고 훈련도 하지 않은 채 적군을 격파하려 하였다. 그 병사와 말은 이미 훈련과 가르침을 받지 않았기 때문에 전장에서 적군과 만나자마자 살해당했다. 이와 마찬가지로 수행하지 않는 자는 죽음에 임박하여 신체 속에 고통이 닥칠 때 그 고통을 견딜

수 없다. (『짠드라베다까』 117-119)

무지한 자의 죽음은 고통스럽지만, 만반의 준비를 한 자나 깨달은 자는 실레가나의 서약을 즐겁게 고통 없이 수행하여, 화살이 과녁에 적중하듯이 영혼을 해탈로 이끈다.

성전을 모두 통달하지 못한 수행자일지라도 이미 만전의 각오가 있다면, 자제사(살레카나)의 서약을 즐겁게 고통 없이 수행한다.
(『짠드라베다까』 124)

무기인 활을 들어 화살을 현에 걸어, 마음을 결단하고 나서, 자신의 기술을 반성하면서 과녁의 중앙에 쏜다. (『짠드라베다까』 128)

그러므로 과녁의 중앙(= 해탈)을 맞히기 위해서 항상 방심하지 않고 영혼이 해탈의 길에 있어서 활시위(= 德)에서 떨어지지 않도록 해야 한다.
(『짠드라베다까』 130)

화살이 겨냥할 곳은 바로 우리의 근원인 영혼이다. 죽음의 순간에 자신이 평생 쌓아온 까르마의 힘에 휩쓸려가기 마련이지만, 최대한 마음을 맑게 유지하여 까르마의 장막 너머의 순수한 자신의 본성을 잃지 않도록 깨어있으라는 것이다. 출가자들의 경우 그들이 출가까지 하며 수행을 해온 가치는 바로 임종 시에 완성되기에, 이때 혼미하지 않게 맑은 의식으로 자신의 영혼의 본성에 안주할 수 있다면 그것이 바로 자이나교에서 말하는 최상의 성취를 이룬 완성자라고도 한다(『짠드라베다까』 173).

모든 마음의 상태를 깨끗하게 하여, 마음을 완성으로 향하여 신뢰하고 죽음의 침상에서 다음과 같이 마음을 전념해야 한다.
현자는 죽음의 순간 영혼에 붙은 까르마의 물질이 방출될 때, 오직 바른 믿음과 깨어있는 의식에 의지하여 순수한 본성(영혼)에 집중해야 한다.

(『짠드라베다까』 159-160)

또한 평생 수행에 매진한 출가자라도 임종 시에 다른 수행자들 앞에서 살레카나 서약을 행하는 것은 숙련된 의사일지라도 자신의 병을 다른 의사에게 말하며 서로를 치료하는 것과 같다고 하였다(『짠드라베다까』 172).
『짠드라베다까』 7장은 반복적으로 '죽음에의 전념 maraṇe kayajogo'을 말한다. 여기에서 말하는 죽음에 대한 전념이란 무엇인가.

영혼에 붙어 윤회에 속박되게 하는 두 가지 죄인 애착과 증오를 정화하는 것이 죽음에 전념하는 것이다.
신체, 언어, 생각을 다스려서 영혼에 따르는 3가지 오염을 지식이라는 갈고리로 사로잡는 것은 죽음에 전념하는 것이다.
승리자가 경계한 자신의 몸 안에 생긴 4가지 두려운 더러움을 항상 정화하는 것이 죽음에 전념하는 것이다.
바른 지식으로 대상을 향해 불타는 5가지 감각을 지식이라는 갈고리로 사로잡는 것이 죽음에 전념하는 것이다.
모든 생명을 사랑하고, 7가지 두려운 곳을 떠나며, 자애로운 수행자는 죽음에 전념하는 것이다.
8가지의 자만을 정복하고, 9가지의 범행의 서약으로 보호받으며, 10가지 의무에 힘쓰는 것이 죽음에 전념하는 것이다.

더러움을 버리고 지극히 얻기 힘든 해탈을 완성하여, 순수명상을 행하는 자가 죽음에 전념한 것이다.
비어 있는 곳이든 더러운 곳이든 견디기 어려운 비참한 22가지 고난을 견디는 자, 그는 죽음에 전념하는 자이다. （『짠드라베다까』 134-140)

여기에서 말하는 죽음에 대한 전념은 단지 임종 시에 행하는 수행과 살레카나에 국한되지 않는다. 『짠드라베다까』는 속박의 근원적 원인인 애착과 증오를 지멸하는 것, 몸과 말과 마음을 다스리는 것, 감관을 제어하고 바른 지식을 가지는 것, 생명을 사랑하는 것, 순수명상에 전념하는 것 등이 바로 '죽음에 전념하는 것'이라고 반복하여 강조한다. 죽음에 전념하는 것은 출가자나 수행자들이 평생에 걸쳐 자신을 가다듬으며 수행하는 삶을 말한다. 생전의 수행은 삶을 완성하는 일이자, 곧 죽음을 완성하는 일이 된다. 매 순간 자신이 행할 수 있는 최선의 수행을 통해 최고의 삶을 살았기에 죽음에 전념하는 일이다. 이는 삶에서 항상 죽음을 의식하며 살아내야 한다는 종교적 자각을 보여준다. 그렇다면, 살레카나는 죽음에 전념하는 마지막 방법인 것이다.

기원후 150년경(하한 500년대)의 경전인 이 『짠드라베다까』의 마지막 장 「죽음의 덕」은 많은 것을 가리킨다. 살아생전에 죽음을 준비하지 않은 자들은 죽음에 임박하여 신체와 마음의 고통을 견딜 수 없지만, 수행자나 마음의 자유를 얻고 깨달은 자들은 결단의 도끼로 마음의 고통을 끊어낸다. 마치 무기인 활의 현에 화살을 걸어 굳은 마음으로 과녁의 중앙을 조준하듯이, 마음을 고요하게 집중하여 과녁의 중앙인 자신의 근원적 본성에 안주한다. 죽음의 순간, 최상의 상태로 존재하기를 촉구하는 이 고대의 경전은 임종 시의 이 마음가짐을 '죽음에 대한 전념'이라고 거듭 말한다. 그러나 이 죽음에 대한 전념은 임종 시에만 행하는 것이 아니라, 모든 생명을 사랑하고 자만을 극복하며 청정한 수행과 계율을 닦는 일생의 수행 그 자체라고 거듭 강조된다. 죽음에 대한 전념은 어쩌면 삶에 대한 전념의 다른 모습일지도 모른다.

    죽음에 대한 전념의 극점인 살레카나는 과연 웰다잉의 한 방법으로 현대인에게 그 가치가 전해질 수 있을까? 종교적 신앙이나 신념과 무관하게 살레카나를 행하는 고대부터 현대까지 많은 수행자들이 진정으로 추구한 것은 무엇이었을까? 우리는 살레카나를 통해 자신의 삶을 최선의 방식으로 온전하게 완성하고자 하는 의지를 발견할 수 있다. 이는 죽음에 대한 전념이지만, 동시에 삶에 대한 최선의 예의이자 전념이다.

죽음의 징조를 파악하라

    인도는 어느 문화권보다 삶에 내재된 죽음의 필연성을 직시하고, 이를 초월하려는 종교적 전통이 강하다. 붓다가 생로병사의 고통을 직시하며 출가를 결단하고 수행 끝에 죽음의 신 마라Māra를 극복함으로써 열반의 언덕에 도달했듯이 인도 종교의 수행주의 전통은 생명의 유한성과 고통을 극복하기 위해 종교적 탐구법과 해답을 제시했다. 붓다는 죽음이 들숨과 날숨 사이에도 있음을 알아차리라고 했을 정도로 제자들에게 메멘토 모리를 강조했다. 죽음을 기억하라는 메멘토 모리는 저 멀리 '언젠가'로 유예된 죽음을 현재의 삶으로 불러와 죽음이라는 거울을 비추며 온전한 삶을 살아가자는 가르침으로 들린다. 자이나교의 『짠드라베다까』에 나타난 죽음에의 전념은 곧 삶에 대한 전념과 동전의 앞뒷면처럼 공존하는 것이다.

그런데 여기에서 더 나아가 인도인들은 죽음의 징조 sign of death까지 파악하는 독특한 전통이 있다. 자신에게 닥칠 죽음을 다양한 전조증상을 통해 파악하고, 심지어 정확한 죽음의 시간대와 죽음의 양상까지 판단하는 내용이 다양한 인도 고전 문헌에 나타난다. 인도의 메멘토 모리는 죽음이 어떻게, 어떤 모습으로, 언제 오는지 그 죽음의 얼굴을 상세하게 들여다보는 데까지 나아간 것이다.

임종에 이르는 기간과 정확한 시점을 측정하기 위해 다양한 전조 현상을 관찰하고 이를 통해 임종 시점을 추측하는 것에 대한 용어는 다양하다. 죽음의 징조는 죽음의 표식 mṛtyulakṣaṇa, 죽음의 지식 kālajñāna, 징조 ariṣṭa, riṣṭa 등으로 다양한 문헌에서 언급된다.

죽음의 징조는 민간지식과 점술 등을 포함하는 『아타르바베다 Atharvaveda』에서부터 뿌라나 Purāṇa류, 『마하바라따 Mahābhārata』, 『짜라까상히따 Carakasaṃhitā』나 『사부의전四部醫典』 같은 의학서류,[4] 심지어 이슬람교 문헌에서도 나타난다. 그리고 수행론서인 『요가수뜨라 주석 Yogasūtrabhāṣya』에서도 나타나는데, 이 내용은 12세기 자이나 수행론서인 『요가샤스뜨라 Yogaśāstra』에 나타나는 것과도 유사하다.

죽음의 징조를 알고자 하는 현상이 특히 인도에서 강하게 추구된 배경을 두 가지로 추측할 수 있다. 첫째는 현세를 고통스러운 윤회의 세계로 인식하고, 내세로의 초월을 추구하는 인도인의 종교적 성향 때문에 죽음에 대한 깊은 관심과 준비를 예정했기 때문이다. 둘째로 특히 딴뜨리즘 tantrism에서 발전했는데, 이러한 종교문화가 탈세속적 해탈과 세속적 행복을 모두 향유하여 통합하려는 특징을 지니기 때문이다.

이 딴뜨리즘의 문헌에서 광범위하게 이 죽음의 징조들이 유사하게 나타나고 공유되고 있다. 기원후 4세기경부터 인도 종교문화의 기저에서 형성되어 발전한 딴뜨리즘은 힌두교, 불교, 자이나교를 불문하고 유사한 문화를 형성하기에 이 죽음의 징조가 공통적으로 나타난다. 그저 종교적 수행을 통해 죽음을 직시하고 해탈하려는 지적知的 전통의 종교와는 달리 탈속적 해탈뿐 아니라 세속적 행복을 통합하여 향유하는 특징을 지닌 딴뜨리즘에서 세속적 행복을 위한 종교적 기법과 주술이 풍성하게 발전했고, 죽음에 관해서도 실제적으로 접근했다. 딴뜨리즘에서 죽음은 지적인 깨달음을 통해 그 본질을 깨달아 쉽게 초월할 수 있는 것이 아니라, 실질적인 육체적 질병 등에 의해 시달리게 되는 두려운 대상이므로, 반드시 직시하고 대처하고 준비하며 극복해야 하는 실존적 과제였다.

고전 인도의 딴뜨리즘 문화에서는 죽음에 어떻게 대처했을까. 다양한 인도 문헌에서 죽음의 징조 파악하기 전통과 죽음에 대한 접근법을 연구한 바에 의하면 3가지의 대처 단계로 구분된다.[5]

1단계: 죽음의 징조 파악하기

(mṛtyulakṣaṇa, kālajñāna, ariṣṭa, riṣṭa)

2단계: 죽음의 시간 연장하기

(mṛtyuvañcana, kālavañcana, mṛtyujaya, mṛtyujayajaya)

3단계: 죽음의 요가 행하기

(utrkānti, utkramaṇa)

우선 자신에게 임박한 죽음의 다양한 전조증상을 세밀하고 정확하게 판단하여 죽음의 시간을 측정해야 한다. 그러나 죽음의 시간을 회피하거나 연장할 가능성이 있으므로, 임종을 늦추기 위해 노력하고, 이를 통해서도 더 이상 연장할 수 없을 때 임종 시간에 맞춰 적절한 죽음의 요가를 행하는 것이 죽음에 대한 3단계의 대처이다. 1단계인 죽음의 정확한 시점을 파악하려는 시도는 다음의 2단계와 3단계인 죽음을 연장하는 각종 의례와 죽음의 요가를 행하기 위해 선행적으로 필요한 지식이다.

죽음의 징조가 최초로 나타난 문헌은 『아타르바베다』로서 꿈과 다양한 징조를 통해 죽음을 예견하고 악한 영향력에서 벗어나는 방법 등이 언급된다.[6] 또한 앞서 『요가수뜨라 주석』에 나타난 죽음의 징조를 설명하자면 다음과 같다.

> 죽음의 징조는 세 가지 내적인 것(자기 자신에게서 유래하는 것)과 외적인 것(다른 중생에서 유래하는 것), 신적인 것(초자연적인 작용에서 유래하는 것)이 있다. 그 중에서 내적인 것은 귀가 닫혀서 자기 몸에 있는 소리를 듣지 못하는 것이고, 혹은 눈이 차단되어 빛을 보지 못하는 것이다. 마찬가지로 외적인 것이란 야마Yama의 사자死者들을 보거나 죽은 조상들을 일시에 보는 것이다. 마찬가지로 신적인 것은 불시에 천계나 초인간적 성취자들을 보는 것이며, 혹은 이제까지 본 것과는 상반된 모든 것을 보는 것이다. 그 (요기)는 이것(이상의 징조들)으로도 죽음이 다가옴을 안다.[7]

여기에서 죽음의 징조는 내적, 외적, 신적인 것 3가지이며 각각 다양한 징조가 열거되는데, 이는 자이나교의 『요가샤스뜨라』 5장 224송에 나타난 것과도 유사하기 때문이다. 앞서 말했듯이 죽음의 징조 내용들은 인도 전통에서 서로 공통되게 공유하던 지식으로서, 조금씩 변형은 있을지라도 대체로 그 내용은 유사하다. 『요가샤스뜨라』의 죽음의 징조들은 자이나교 공의파의 『죽음징조집성Riṣṭasamuccaya』에서도 겹치는 내용들이 자주 발견된다. 이를 비판 교정하며 번역 해설한 A.S. 고빠니Gopani는 『죽음징조집성』에 나타난 죽음의 징조를 타 문헌들과 비교하여 어떤 부분에 차이점이 있는지도 검토했다. 고빠니가 비교한 죽음의 징조 관련 문헌들은 18종에 이른다.[8]

아타르바베다Atharvaveda, 아이따레야 우빠니샤드Aitareya Upaniṣad, 오가 니룩띠Ogha Nirukti, 마하바라따Mahabharata, 바유뿌라나Vayūpuraṇa, 마츠야뿌라나Matyapurana, 밀린다빵하Milindapañha, 짜라까상히따Carakasaṃhīta, 수슈르따상히따Suśrutasaṃhīta, 까샤빠상히따Kaśyapa Saṃhitā, 바라상히따Vārahi Saṃhitā, 깔라즈냐나Kālajñāna, 다르마신두Dharmasindhu, 요가수뜨라Yogasūtra, 요가라뜨나까라Yogaratnākara, **마라나깐디까Maraṇakaṇḍika**, **리스따사무짜야**Riṣṭasamuccaya, **요가샤스뜨라**Yogaśāstra

이 중 마지막 세 문헌은 자이나교의 것이다. 『마라나깐디까』는 10세기 자이나교 공의파 아미따가띠Amitaghati의 저작으로 11~12세기 공의파의 저작인 『리스따사무짜야』(이하 죽음징조집성)에서 이 가르침을 계승했다. 또한 12세기 백의파의 학승인 헤마짠드라의 저작인 『요가샤스뜨라』에서도 죽음의 징조에 관한 정보가 나타난다.

헤마짠드라의 『요가샤스뜨라』에는 호흡수련을 다루면서 죽음의 징조 내용을 178송 수록하고 있다. 그러나 『죽음징조집성』은 이 주제만을 다루는 유일한 문헌이다. 이 저작은 자이나교뿐 아니라 인도 문헌사에서도 유일하게 죽음의 징조 riṣṭa만을 제명으로 내세운 단독 저작이라는 점에서 독자적이다. 이 문헌에 관해 살펴보자. Riṣṭasamuccaya를 직역하면 '(죽음의) 징조 집성'이다. 죽음의 전조 증상에 대한 설명들을 집성한 이 저작은 자이나 공의파의 쁘라끄리뜨어인 샤우라세니Śauraseni로 쓰였으며 약 261송으로 이뤄진 짧은 텍스트이다. 죽음의 징조에 대한 정보들은 압축적으로 정리되어 있지만 그 내용은 상세하고 다양하다. 죽음의 징조들을 분류하면 다음과 같은데, 죽음의 징후에 관해 인간이 접근할 수 있는 모든 방법과 지식을 모아놓은 것임을 알 수 있다.

표 1 『죽음징조집성』의 죽음의 징조 분류

분류	하위분류	게송
A. 신체적 징조	신체적 징조	17–40
B. 외적 징조	외적인 징조	41–67
C. 형상적 징조 1. 그림자	그림자	68–84
	자기 그림자	85–94
	타인의 그림자	95–106
2. 꿈	신적, 자연적	107–129
3. 직접적	직접적 감각 관련	130–134
4. 간접적	신체 관련	135–142
	물과 관련된 점술	143–147
D. 점술 및 점성학적 징조	손가락	148–152
	붉은 수지	153–157
	노란 안료	158–159
	질문	160–171
	문자(신적인 문자, 자연적 문자)	172–192
	철자	193–219
	점성 차트	220–240
	황도점	241–242
	점성학과 질병의 지속 기간	243–251

한편 수행론서인 『요가샤스뜨라』에 수록된 죽음의 징조에는 호흡수련 prāṇāyama(쁘라나야마)을 통해 죽음의 징조를 파악하는 기법이 많이 추가되어 있다는 점 이외에는 그 종류나 내용이 거의 유사하다. 『요가샤스뜨라』

에 수록된 자신의 호흡 변화를 관찰하여, 죽음의 시간대를 예측하는 내용을 살펴보자.

인도에서는 일종의 기氣인 우주적 생명 에너지 쁘라나prana가 신체를 통해 운행할 때 호흡으로 드러난다고 본다. 그래서 신체에서 운행하는 쁘라나의 힘이 점차 줄어들어 완전히 떠날 때, 즉 날숨 이후에 들숨이 작용하지 않을 때가 죽음이기에, 쁘라나의 운행은 죽음을 가장 잘 예견해주는 징조가 된다. 호흡요가로도 알려진 스와라svara 요가에서도 좌우 콧구멍에서 나타나는 숨의 상태는 신체와 의식의 상태를 파악하는 징표이며, 이를 통해 죽음을 예측할 수 있다.

> 호흡이 하루 밤낮 동안 오로지 태양 나디에서만 분다면, 죽음이 3년 이내에 일어난다. 만일 이틀 밤낮 동안 호흡이 태양의 나디에서 불면, 1년 안에 죽음이 발생한다. 만일 3일 밤낮으로 호흡이 그러하다면, 1년 안에 죽음이 일어난다. 만일 호흡이 같은 방식으로 달의 나디에서만 분다면 질병이 뒤따른다. 태양 나디에서 독점적으로 한 달 동안 숨이 분다면, 그것은 하루 밤낮 이내에 죽음의 전조이다. 『요가샤스뜨라』5.72

요가의 생리학에 따르면, 신체에는 쁘라나가 운행하는 수많은 길인 나디nāḍī가 뻗어 있다. 그중 척추의 중심에 따라 있는 슈슘나 나디를 좌우로 교차하는 이다iḍā(달)와 핑갈라piṅgalā(태양) 나디는 양쪽 콧구멍의 들숨과 날숨을 통해 운행한다. 태양 나디는 오른쪽 콧구멍으로 연결된 핑갈라 나디이고, 달의 나디는 왼쪽 콧구멍으로 연결된 이다 나디이다. 태양 나디는 주로 교감 신경계와 관련되며, 달 나디는 부교감 신경계와 관련된다고 한다.

현대 생사학에서도 죽음과 관련된 징후들을 연구하고 있다. 특히 죽음이 임박한 임종자들에게 공통적으로 드러나는 신체적, 의학적 증상들을 규정하는 현대적 임종징후는 죽어감dying의 과정을 거쳐 최종적인 죽음death을 판별하기 위한 것이기도 하다. 현대의 임종징후는 의학적 증상의 관찰을 중심으로 하지만, 인도 문화에 나타난 죽음의 징조에 관한 정보와 그 접근법은 광범위하다.

살레카나로 죽음의 징조를 맞이하라

죽음의 징조를 수록한 많은 문헌 중에 자이나교의 『죽음징조집성』과 『요가샤스뜨라』는 당시 중세 딴뜨리즘의 영향하에 성립된 저작들이다. 딴뜨리즘에서 통용되는 지식이 자이나교에 편입된 것이다. 그러나 자이나교에서 죽음의 징조를 파악하는 또 다른 맥락을 이해할 필요가 있다.

자이나교의 고유한 수행주의 전통은 독자적이다. 고행과 단식을 통해 까르마를 정화함으로써 영혼의 순수성을 회복하려는 수행 전통에 따르면, 죽음에 이를 때까지 행하는 단식과 명상은 최상의 수행이자 수행의 완성으로 존경받는다. 임종에 이르는 단식사, 일명 살레카나는 마하비라 이전 23대 교주인 빠르슈바Pārśva 때부터 이어진 임종 수행으로 현대까지 끊이지 않고 이어지는 전통이다.

이러한 살레카나 전통에 따르면, 죽음의 징조를 파악하는 것은 수행자로서 당연한 책임이다. 더 이상 자신의 신체와 정신이 다르마(즉, 수행)를 유지할 수 없을 정도로 죽음이 임박했음을 알아야 살레카나를 택할 수 있기 때문에 살레카나 실행 이전에 '죽음의 징조 파악하기'는 중요한 정보가 될 것이다.

그런데 헤마짠드라는 『요가샤스뜨라』에서 이 살레카나와 죽음의 징조 파악하기를 통합하지는 못했다. 제4장 서약의 장에서 살레카나 서약에 관해 설명하지만, 제5장 「쁘라마나장」에 나타난 죽음의 징조 부분에서 살레카나와 관련한 내용은 주석서 Svopajñavṛtti 어디에서도 언급하지 않았다. 반면, 두르가데바는 『죽음징조집성』 서두에서 죽음의 징조를 상설하기 전에 다음과 같이 살레카나를 언급하고 있다.

> 얻기 힘든 인간의 몸을 얻고, 불살생을 핵심으로 하는 종교(자이나교)를 믿을지라도 두 종류의 살레카나를 행하는 자들은 매우 드물다. 살레카나에는 두 가지, 즉 외적인 살레카나와 내적인 살레카나가 있다. 욕망을 축소하는 경우가 내적인 살레카나이고, 물리적 대상에 관한 것이 외적인 살레카나이다.
> 포기에 적합한 자가 살레카나로 신체를 포기하고 단식에 의해 탁월한 죽음을 맞이한다면, 그는 이 죽음의 징조들을 볼 것이다.
>
> (『죽음징조집성』 12-14)

죽음의 징조를 파악하는 수많은 기법의 지식을 따로 습득하지 않아도 수행과 단식을 통한 죽음을 준비하여 맞이하는 수행자는 스스로 죽음의 징조들을 볼 수 있게 된다는 것이다. 두르가데바는 이로써 살레카나 전통에 죽음의 징조를 파악해야 하는 당위성을 부여했다.

이는 앞서 인도 사회에서 죽음에 대한 세 단계의 접근, 즉 첫째로 죽음의 징조를 파악하고, 둘째, 이를 극복하여 죽음의 시기를 연장하도록 노력하며, 셋째, 불가능할 때 죽음의 요가를 행하는 전통이 있었음을 보았다. 그러나 자이나교의 경우는 죽음의 요가라고도 할 수 있는 살레카나를 선택한 이후에 죽음의 징조를 더 생생하게 관찰하는 것으로 볼 수도 있다. 그러나 살아생전의 수행들을 모두 죽음에 대한 전념으로도 여기며 삶에 내재한 죽음을 완전히 직시하고 포용해 온 자이나교도들에게 죽음의 징조 파악하기는 이미 평생에 걸쳐 이뤄진 것이다.

메멘토 모리라는 금언은 마치 자신을 늘상 쫓아다니는 죽음의 그림자의 존재를 인지함으로써 이를 통해 삶이라는 실상과 소중함을 자각하라는 경종이다. 이 메멘토 모리를 인도인들은 더 밀고 나갔다고 보인다. 붓다는 죽음이 매 순간 우리의 호흡에 있으니, 매 순간 '죽음에 대한 알아차리기maraṇasmṛti'를 당부했다. 인도의 많은 종교와 수행들은 결국 온전히 살기 위해 온전히 죽는 법을 탐구하는 데까지 나아갔다. 그들은 죽음의 징조를 파악하는 수많은 기법을 탐구하고 그 지식을 축적하였으며 자신의 신체와 정신을 가장 온전하고 맑게 마무리하는 방법을 전승해 갔다. 죽음에 깨어있고 죽음을 대비하는 이런 문화는 오늘날의 우리와 현대의 죽음학에도 많은 가르침과 시사점을 던진다.

죽음학thanathology이라는 명칭은 사망학, 임종학, 죽음교육학, 사생학, 생사학 등 다양하게 변천해왔다. 영어권에서는 death studies, death education, life and death studies, life and death education 등으로 표현한다. 메치니코프가 1903년 『The Nature of Man』에서 죽음(사망)을 생명과학 분야에서 학문적으로 다뤄야 한다고 언급한 이래로, 1959년 헤르만 파이펠Herman Feifel의 『The Meaning of Death』를 통해 본격적으로 현대적 죽음학이 개시되었다. 1967년 정신과 의사인 엘리자베스 퀴블러로스Elisabeth Kübler-Ross가 수많은 말기 임종환자를 케어하면서 『On Death and Dying』을 통해 임종케어(호스피스)의 필요성을 세계적으로 역설하였고, 임종환자들에 관한 연구가 시작되었다. 그리고 1975년도에는 레이몬드 무디Raymond A. Moody가 내담자 심리상담을 통해 수많은 임사체험자의 사례를 보고함으로써, 죽음학의 영역이 임사체험 및 사후세계라는 영역까지 확장되었다. 또한 현대적 죽음학의 영역을 확장했다고도 평가받는 줄리아 아산테Julia Assante는 고대 사후세계관에 대한 인류학자이자, 그 자신이 영매로 활동했기에 학문과 경험을 녹여 『두려움 없는 죽음, 죽음 이후의 삶』을 펴냈다. 줄리아 아산테는 인류가 함께 죽음에 관하여 진정으로 탐구한다면, 인류의 의식과 삶의 질은 극적으로 변화될 것이라고 말한다. 원제인 "The Last Frontier"가 시사하듯이, 죽음은 인류의 삶을 위하여 반드시 탐구되어야 할 최전선의 탐구영역이다. 이후 죽음학은 생명(현상)과 함께 연구되어야 한다는 취지에서 1993년 대만의 푸웨이쉰傳偉勳이 '생사학生死學'으로 명명하고, 융합적인 접근과 학제적 연구로 발전해가고 있다. 생사학은 철학, 종교, 심리학, 의학, 법학, 간호학, 교육학, 문화인류학, 예술, 사회복지학, 사회학 등과 연계하여 임종, 임종케어, 죽음, 죽음 이후의 다양한 문제를 품고 있는 연구 분야로 떠올랐다.

죽음학(혹은 생사학)에서 다루는 분야들은 다양하지만, 그중에서도 핵심은 죽음준비와 관련된다. 준비된 죽음과 임박하여 그저 당하는 죽음의 모습은 천양지차이다. 그러나 죽음의 준비교육은 노년기에만 웰다잉을 위해 행하는 게 아니라, 젊을 때부터 시작되어야 한다. 영국이나 서구 선진국처럼 유소년기부터 체계적인 죽음준비교육이 이뤄져야 한다.

죽음준비교육에서 가르쳐야 할 것은 죽음에 대한 이해와 준비사항, 그리고 임종에 대한 대처 및 애도이다. 임종에 대한 자신과 주변인들의 대처는 다면적이며, 더 성숙한 대처를 통해 온전한 임종을 맞이할 수 있다. 죽음준비 특히, **임종대처** end-of-life coping와 관련하여 퀴블러로스의 임종

대처 5단계가 대중적으로 잘 알려져 있다. 퀴블러로스는 임종말기에 있는 사람들이 겪는 심리상태를 부정-분노-협상-우울(반응, 준비)-수용의 5단계로 제시했다.[9] 그러나 웰다잉을 위한 **임종과제**는 신체적이고 심리적인 차원뿐 아니라 사회적, 영적인 차원까지 포괄해야 한다.[10] 웰다잉을 위한 임종과제에 자이나교도들의 살레카나라는 해답은 신체, 심리, 무엇보다 영적인 차원까지 아우르고 있다.

임종 준비를 위해서는 무엇보다 죽음에 이르기까지 임종자가 겪는 다양한 상황인 **임종궤적**final passages을 이해해야 한다. 임종궤적은 임종자 각 개인에 따라 다양하다.[11] 임종궤적은 임종양상과 임종방법, 그리고 전형적으로 기간(임종시작과 사망시간까지의 시간)과 모양(임종의 과정, 예측가능성, 그리고 사망예측 여부)에 의해 구별되지만, 두 가지 공통 요소를 지닌다. 첫째, 임종의 시작과 죽음에 이르는 시간, 둘째, 임종 과정의 확실성 혹은 예측 가능성이다. 이 현대 죽음학에서 연구하는 임종궤적이 인도 종교에서 말하는 죽음의 징조 파악하기에 정확히 대응된다.

또한 임종자에 대한 주변인들의 죽음에 대한 인지awareness of dying를 폐쇄형, 의심형, 상호위장, **개방형 인지**로 분류하기도 한다. 임종자에게 죽음과 관련된 사항을 알리지 않는 폐쇄형과 달리 개방형 인지open awareness of dying는 본인과 주변인들 모두 죽음이 임박했음을 인정하고, 이에 대해 대화하며 상호개방적인 의사 소통 속에서 죽음을 준비하도록 한다.[12] 이 역시 죽음의 징조를 파악한 이후에 생명을 연장할 수 있는 한 극복하려고 노력하고, 그렇지 않다면 수용하고 임종을 수행하는 두 차원의 대처와도 관련된다.

필연적으로 겪을 임종에의 길, 즉 임종궤적에 올바르게 대처하기 위해서는 죽음준비가 필수적이다. 죽음에 대한 개방형 인지가 임종자와 그 가족뿐 아니라 사회적으로도 더 유익한 대처임은 분명하다.

  자이나교도들이 인간이 취할 수 있는 가장 이상적인 죽음으로 여기는 살레카나는 그들과 사회에 인지적으로 개방되어 있다. 게다가 자이나교도들은 본인이 허락하는 경우에 살레카나를 신자 공동체에 공개하는 경우들이 있는데, 이는 한 인간의 종말로서 비극적인 장례의식이 아니라 삶을 가장 아름답게 마무리하는 길상한 종교의식으로 여겨진다.

  병원에서 자신의 병을 정확히 파악하지도 못한 채, 가족들의 슬픔과 고가의 의료 장비에 짓눌려 폐쇄적이며 수동적으로 맞이하는 대다수 현대인들의 죽음과는 매우 대조적인 모습이다. 그러나 우리는 살레카나를 통해서 죽음에 대한 평생에 걸친 대처와 준비, 자신의 임종궤적에 대한 예측, 개방적 인지의 분위기에서 신체적이고 사회적이며 영적인 차원의 임종과제 완수라는 특징을 모두 찾아볼 수 있다.

제 3 장

살레카나를 행하다

제 3 장

살레카나를 행하다

홀로 고행하는 자는 숲속에서 죽음을 준비하는 것이 좋다. 그의 소유물과 옷, 음식은 점점 줄어든다. 홀로 죽어가는 비구에게 이런 생각이 일어난다. 나는 홀로 존재한다. 나에게는 어떤 것도 없고, 나는 어디에도 속하지 않는다.

(『아짜랑가수뜨라』)

고대의 자발적 죽음들

깨어있는 의식으로 본성에 안주한 현자의 죽음은 자이나교의 최고층 성전에서부터 언급되던 죽음이었다. 『웃따라디야야나 Uttarādhyayana』 5.2는 현자의 자발적 죽음과 범부들의 비자발적 죽음을 구분했다. 술과 고기를 먹으며 욕망에 휘청이는 범부들은 죽음을 회피하다가 원치 않는 죽음을 맞이하지만 바른 수행을 하는 출가자나 재가자들은 자발적으로 죽음을 받아들여 최상의 상태로 죽음을 맞는다. 또한 『웃따라디야야나』 5.3은 범부의 죽음이 여러 번 반복되지만 현자의 죽음은 단 한 번 일어난다고도 한다. 이는 진정으로 죽음을 완성한 현자는 다시 윤회를 반복하지 않는다는 의미이다. 이 두 죽음은 단적으로 현자의 죽음 대 어리석은 자의 죽음으로 대비되었다.

세세한 분류를 즐기는 자이나교의 성전에는 이 어리석은 범부의 죽음을 다양하게 분류한다. 『비야키야쁘라즈냡띠수뜨라 Vyākhyāprajñaptisūtra』에는 범부들의 12가지 비자발적 죽음을 다음과 같이 밝힌다.[1]

> 1) 형식적인 출가수행자의 죽음, 2) 감각 대상에 속박된 일반인의 죽음, 3) 수치심이나 체면 때문에 살레카나 서약 시 자신의 죄를 완전히 고백하거나 참회하지 않은 자의 내적으로 속박된 죽음, 4) 죽은 자가 같은 생을 받는 죽음, 5) 산에서 뛰어내리는 죽음, 6) 나무에서 뛰어내리는 죽음, 7) 물에 빠져드는 죽음, 8) 몸을 태우는 죽음, 9) 독극물에 의한 죽음, 10) 스스로 칼로 베는 죽음, 11) 익사나 짐승에게 먹히는 죽음.

출가자의 죽음일지라도 그 외양만 번듯할 뿐 내면적으로는 어리석은 죽음일 경우를 첫 번째로 언급한 외에, 살레카나를 할지라도 진실하게 행하지 않은 경우도 포함되어 있다. 이 중 뒤의 8가지 자발적 죽음들은 자살을 열거한 것으로, 이러한 극단적이고 폭력적인 자살을 교주인 마하비라는 결코 인정하지 않는다고 말한다. 자이나 경전에는 어리석은 자의 죽음 bālamaraṇa 중에서도 자살을 도상(그림7)으로 묘사했다.

하지만 인간은 현자와 어리석은 범부로만 양분되지 않는다. 이 둘 사이에 범부이면서도 약간 현명한 자들까지 포함하여 3가지 부류의 죽음으로 분류하기도 한다. 이는 살레카나를 행하는 재가자들을 염두에 둔 것으로 보인다.

그림 7 어리석은 자의 죽음(영국 도서관)

한편 앞서 언급한 『웃따라디야야나』의 주석 문헌인 『니룩띠 Nirukti』에서는 더 나아가 17가지의 죽음을 분류한다.[2] 죽음에 대한 이토록 상세한 분류는 백의파뿐 아니라 공의파의 다양한 문헌들에도 명칭과 내용을 달리하면서 반복적으로 나타난다.

1) 수명이 다한 죽음, 2) 같은 상태로 윤회하며 반복되는 죽음, 3) 같은 상태로 윤회하지 않는 죽음, 4) 서약을 완수하지 못하고 기아에 고통받는 죽음, 5) 실의나 분노상태에서 과식하거나 과음하는 등의 감각적 쾌락에 굴복하면서 생긴 죽음, 6) 총알이나 화살에 박힌 채 죽는 것 또는 영적으로 악행을 저지르고 속죄 없이 맞이한 죽음, 7) 현재의 삶에서 받아들인 죽음, 8) 세속에 대한 집착을 가진 어리석은 자의 죽음, 9) 바른 견해와 바른 수행을 갖추고 세속에 대한 집착을 포기한 자의 죽음, 10) 재가자의 서약을 지킨 죽음, 11) 일체지까지는 도달하지 못했지만 투시력과 텔레파시를 얻은 수행자의 죽음, 12) 일체지자의 죽음, 13) 나무 등에 자신의 목을 맨 죽음, 14) 큰 동물의 시체에 들어감으로 인한 죽음,

15) 단식에 의한 자발적인 죽음, 16) 제한된 장소에 들어가서 도움 없이 행하는 자발적인 죽음, 17) 고목枯木처럼 부동의 자세로 아무 도움 없이 행하는 자발적 죽음.

일일이 다양한 사항을 열거하여 숫자를 붙이고 정리하기 좋아하는 자이나교도의 특징이 죽음에도 적용된다. 위의 17가지 죽음 이외에도 48가지 죽음에 대한 분류도 경전에서 나타난다. 위 분류는 기준 없이 다양한 죽음을 나열하고 있지만, 다른 경전에서는 17가지를 다시 5가지로 분류하기도 한다.

1) 어리석은 비非 자이나교도의 죽음, 2) 어리석은 자이나교도의 죽음, 3) 약간 현명한 자이나교도의 죽음, 4) 현명한 자이나교도의 죽음, 5) 완성된 자이나교도의 죽음.[3]

이 중 현명한 자이나교도나 완성된 자이나교도의 죽음은 위의 17가지 죽음 가운데 11)과 12) 그리고 15), 16), 17)에 해당한다. 특히 마지막 3가지의 자발적인 죽음은 고대 자이나 수행자들의 극심한 고행을 보여준다.

우선 15) **단식에 의한 자발적인 죽음** bhatapratyākhyāna은 살레카나에 해당한다. 이 살레카나를 행할 때 장소이동이 불가능한 상황이 있다. 병에 걸려서 움직이지 못하는 경우도 있지만, 맹수에게 물려서 죽음에 임박하자 스승에게 참회의식을 마치고 그 자리에서 죽음을 맞이하는 경우도 있고, 더 나아가 참회의식조차 여의치 않을 때 마음으로 참회의식을 행하고 죽는 경우 3가지로 나뉜다.

다음으로 16) **제한된 장소에서 홀로 행하는 자발적 죽음** inginī은 한층 더 가혹하다. 스승이나 조력자 없이 홀로 죽기 위해 돌이나 흙만 펼쳐진 죽음의 장소로 가서 내적으로 참회고백을 마친 후, 모든 소유물을 버리고 단식하며 죽음에 이르는 것이다. 이때 죽음에 이르는 기간이 길어지게 되더라도 살레카나를 포기하지 않고, 심지에 맹수에게 공격당하더라도 생명을 유지하기 위해 저항하지 않아야 한다고 한다. 오늘날까지도 인도 남부 공의파의 나체 수행을 하는 출가자들은 위험한 도로변이나 노지에서 잠을 자기도 하는데, 고대의 자이나 고행자들 역시 임종 시에 승원 내부가 아닌 외부에서 임종을 맞이하는 사례들이 있었다.

마지막 17) **고목처럼 부동의 자세로 행하는 자발적 죽음**pādapopagamana은 가장 엄격한 죽음이다. 고목 같은 부동의 자세라는 것은 자이나교에서 전통적으로 행하는 까욧사르가kāyotsarga를 말한다. 까욧사르가는 어원적으로 '신체kāya를 포기한다utsarga'는 의미로서 자이나 특유의 선 채로 행하는 명상 및 그 자세를 말한다. 자이나교 교주들의 성상이 우뚝 선 직립 자세가 많은데, 마하비라도 13년간 고행하면서 이 자세의 명상을 종종 행했기 때문이다. 신체에 대한 집착과 속박에서 완전히 벗어나 내면을 향하여 영혼에 몰입하는 명상 상태에 잠기게 되면, 저절로 완성되는 자세라고 할 수 있다. 자이나교에서 가장 유명한 성상인 남부지역의 슈라바나벨라골라에 위치한 곰마떼슈와라상은 이 까욧사르가를 행하고 있는 고행의 성자 바후발리Bāhubali를 기린 것이다. 바후발리는 전설적인 1대 교주의 둘째 아들로, 형과의 왕위 다툼을 포기하고 1년간 서 있는 명상 까욧사르가를 통해 깨달음을 얻은 인물로 묘사된다. 까욧사르가 수행은 신자들에게도 권유되지만, 최초기에는 주로 출가자들의 고행이었다.

이 고대의 17번째 죽음이 바로 곰마떼슈와라상의 바후발리가 취한 까욧사르가 자세로 죽음을 맞이하는 것이다. 앉아서 죽는 좌탈입망도 희소

그림 8 곰마떼슈와라상: 까욧사르가 명상을 하는 바후발리(Gommateshvara Statue, Ananth H V, CC BY-SA 3.0)

한데, 과연 가능한 임종의 자세일까. 혹시 가능하다고 하더라도 이 임종은 신체와 의식을 자유자재로 조절하는 수행자에게나 가능할 것이다. 그러나 이러한 영웅적 죽음의 이상이 자이나교에만 있는 것은 아니다. 선 채로 죽음을 맞이하는 것은 마치 선가禪家에서 육신을 자유자재로 벗어던지는 선사들의 신화적인 일화를 연상케 한다. 승찬 스님은 뜰을 거닐다가 나뭇가지를 잡은 채 서서 열반하셨다고 하고, 한국의 보조 지눌 스님도 법문을 마치고 내려와 마루에 앉아 그대로 입적했다고도 한다. 이렇게 선사들이 앉아서도 죽고 서서도 죽는다는 좌탈입망坐脫立亡은 삶과 죽음에 자유로운 수행자의 마지막 모습으로 고대 인도 수행자들의 죽음과 다르지 않다.

자이나 고층 성전에서 이러한 3가지의 자발적 죽음을 통해 당시 출가 수행자들의 철저한 임종 수행을 엿볼 수 있는데, 그렇다면 이는 오래전 고대의 사례거나 영웅적 종교 신화일 뿐일까. 꼭 그런 것만은 아니다. 이제 살레카나의 사례들을 살펴보자.

전통적 사례들

전통적으로 살레카나에 전념하며 정신적 삶으로서 유종의 미를 거둔 사례는 매우 많다. 약 2500년 전 자이나교의 교주인 마하비라와 그의 부모도 살레카나로 생을 마감했다는 일화가 전해진다. 마하비라의 부모는 당시 자이나교의 모태 종교인 빠르슈바교의 독실한 신자였다. 따라서 이 종교에도 단식을 하며 임종을 맞이하는 수행 전통이 있었음을 알 수 있다. 빠르슈바교는 자이나교나 불교와 같은 슈라마나 종교의 모태 종교로서 그 기원이 자이나교보다 앞섰으며, 빠르슈바는 자이나교에서 실존하는 23대 조사로 숭상된다. 빠르슈바교의 종교 공동체는 자이나교와 불교의 승단 체제와 유사하게 4부 대중으로 구성되어 있었고, 무엇보다 수행자들이 지켜야 하는 규범인 4가지 야마yama(윤리 지침), 즉 불살생, 진실어, 불투도, 무소유를 철저히 지켰다. 이는 자이나교의 5대 서약과 불교의 5대 계율의 뿌리가 되었다. 자이나교는 이에 불사음을 추가하여 5서약을 지켰고, 불교는 자이나교의 5서약 가운데 무소유를 빼고 불음주를 추가하여 지킨 것이다. 그러니 앞서 고층 성전에 기록된 고행적인 자발적 단식의 전통이 자이나교에서 시작되었다기보다 슈라마나 수행자들이 행하던 임종 수행이었으리라 추측할 수 있다.

그러나 최초의 자이나교 살레카나로 기록된 것은 마하비라 당시 모범적인 재가신자인 아난다Ananda의 사례이다.[4] 아난다는 부유한 상인 계층으로 독실한 재가수행자의 삶을 마무리하면서 막대한 부를 승단에 보시하고, 살레카나로 생을 마감했다고 한다.

아난다 외에도 원래 브라흐만교였다가 자이나교로 개종하여 출가자가 된 스칸다까 까짜야나Skkhandaka Katyayana의 사례도 있다. 『바가바띠수뜨라Bhagavatisūtra』 2.1에 따르면 그는 12년간의 출가 생활을 마치면서 마하비라에게 살레카나를 지원했다. 살레카나는 일반적으로 승단 내에서 스승의 허락을 받아야 행할 수 있다. 살레카나를 돕는 동료 출가자들과 승단의 여건을 고려해야 하기 때문이다. 그는 자신을 도우며 지켜보는 출가자들에 둘러싸여 임종의 공간을 선택하고, 생전의 과오를 고백하고 참회하며 속죄하였다. 그렇게 스칸다까는 60여 끼를 단식한 끝에 명료한 정신을 유지하며 임종을 맞이하였다.[5]

아난다와 까짜야나는 승원 안에서 스승의 지도와 동료들의 도움 속에서 안온하게 살레카나를 완수했지만, 최초기 고층 성전에는 영웅적인 출가자가 타인의 도움 없이 홀로 살레카나를 실행한 사례들이 자주 나타난다. 돌무더기나 흙더미에 자리 잡고 홀로 숲속에서 죽음을 맞이하는 사례들이다.

앞서 자이나 고층 성전인 『웃따라디야야나』의 17가지 다양한 죽음 가운데 마지막 3가지의 고행적인 죽음을 소개했다. 단식에 의한 자발적인 죽음, 제한된 장소에서 홀로 행하는 자발적 죽음, 고목 같은 부동의 자세로 행하는 자발적 죽음이다. 이 3가지 죽음 중에서 특히 뒤의 두 죽음은 말법 시대(깔리유가)의 인간들에게는 거의 행하기 어려운 살레카나로 여겨졌다. 자이나교나 불교는 전통적으로 순환하는 우주의 주기 중에서 쇠퇴하는 말기에 해당하는 시기를 파멸의 시간대를 뜻하는 깔리유가라고 불렀다. 이 시기에는 우주와 사회의 성장과 번영도 사그러들 뿐 아니라 인간의 정신과 능력도 쇠퇴하기에 지극한 수행을 하거나 깨달음을 성취하기도 어렵다고 여겨진다. 그럼에도 일반적인 첫 번째 수준의 살레카나인 박타쁘락따약샤나bhaktapratyākhyana 정도는 행할 수 있다고 여겼다.

이 3가지의 살레카나는 최고층 성전인 『아짜랑가수뜨라Acārangasūtra』의 「해탈장」에서도 나타난다. 우선 첫 번째 단계에서 출가자는 음식을 끊어야 하고, 두 번째 단계에서는 음식과 함께 움직임도 중단하며, 세 번째 단계에서는 모든 음식과 모든 움직임을 중지할 뿐만 아니라 누구의 도움도 받지 않아야 한다. 그렇게 숲속에서 홀로 죽음을 준비하는 수행자의 짐과 옷, 음식, 그리고 이동과 움직임이 서서히 줄어들면서 죽음을 맞이하는 것이다.

그런데 이러한 영웅적인 살레카나가 남인도 지역에서 성행했음을 역사적으로도 확인할 수 있다. 앞서 말했듯이 슈라바나벨라골라 지역에는 살레카나를 기리는 수많은 비문niṣidhi들이 세워져 있다. 7~8세기에만 이곳에서 50건 이상의 살레카나 사례를 확인할 수 있다.

자이나교의 공의파는 마하비라 사후 약 100년간 교단 분열을 거치면서 인도 남부로 내려가 정착하였다. 공의파가 활발히 활동한 남부의 슈라바나벨라골라의 비문을 연구한 B.L. 라이스Rice의 『Epigraphia Carnatica』(1889)의 연구에 기반하여 S. 세더(1989)와 T.K. 투콜Tukol(1976)이 비문에 새겨진 살레카나의 기록들을 분석하였다. 물론 비문에 새겨진 살레카나 기록의 사례는 이 지역뿐 아니라 인도 전역에서 발견된다.

기원후 7~10세기경에는 주로 출가자를 기리는 수백 개의 기념비문이 확인되고, 10~15세기에는 주로 재가자의 것이 세워졌다. 살레카나는 원래 출가자가 주로 행할 수 있는데, 중세 이후에 점차 재가자에게도 널리 허용되었기 때문이다. 그러나 전체적으로 12세기 이후부터 뜸해지다가 15세기 이후에는 살레카나를 비문에 새기는 전통이 사라졌고, 최후의 비문은 1873년도로 확인된다.[6]

까르나따까주 남부의 한 기념비문은 흥미롭게도 6인 가족 전체가 살레카나를 행한 것을 기록하고 있다. 각기 다른 곳에 다른 시기에 세워진 것들이 한 가족의 살레카나 기념비문임을 확인한 것이다.

그림 9 6인의 가족이 행한 살레카나 기념비문(Ravikumar K, Navalagunda, Harihara)[7]

놀랍게도 인도 최초로 통일 제국 마우리야Maurya 왕조를 건립한 짠드라굽따Candragupta왕도 살레카나를 행했다. 독실한 자이나교 신자로 말년인 기원전 298년에 바드라바후Bhadrabāhu의 제자가 되어 출가하여 같은 해에 살레카나를 행한 것으로 추정된다. 왕위에서 물러난 왕의 고행과 살레카나 임종은 고대 그리스의 역사가인 메가스테네스Megasthenes가 쓴 여행 역사서에도 언급되고 있다. 인도 남부 슈라바나벨라골라에는 짠드라굽타가 살레카나를 행한 짠드라기리 언덕과 기념관이 있다.

그림 10 짠드라굽따왕의 살레카나 장소(Ilya Mauter, CC BY-SA 2.5)   그림 11 도다훈디 Doddahundi 기념비 상단부 (Holenarasipura, CC BY-SA 3.0)

살레카나를 행한 또 다른 왕의 사례도 있다. 도다훈디 기념비는 869년경 인도 서부 강가Ganga 왕조의 니띠마르가Nitimarga왕의 살레카나를 기린 것인데, 니띠마르가는 8~9세기의 라나비끄라마Ranavikrama로 추정된다. 이외에도 자이나 백의파의 황금기였던 12세기 현 구자라트 지역의 왕인 꾸마라빨라Kumārapāla도 자신의 스승인 헤마짠드라처럼 살레카나로 임종했다.

S. 세터가 『Inviting Death』에서 제시한 많은 비문 가운데, 대표적인 사례 하나를 살펴보자.

싯단따요기Siddhāntayogi의 제자인 슈리따무니Śrtamuni는 매우 뛰어난 출가수행자였다. 그(싯단따요기)는 자신의 생명이 얼마 남지 않은 것을 알고 삼매사(=살레카나)를 행하기로 마음먹고, 승단을 제자인 슈리따무니에게 맡겼다. 스승 싯단따요기가 살레카나로 세상을 떠난 후 슈리따무니는 교단을 지키며 청정한 가르침을 유지하였다. 그러나 노년에 이르러 병환이 천천히 진행되어 갔다. 병세가 악화되어도 수행자의 일과를 지속

했지만 골수까지 파고든 병을 치유할 수 없음을 확신한 그는 승단의 연장자인 빤디따요기라자Paṇḍitayogirāja에게 가서 자신이 지식을 얻고 공덕을 쌓아왔지만 이제 더 이상 세상에서 얻을 것이 없으며, 병으로 고통받는 이 몸만큼 싫은 것이 없다고 고백하며 살레카나를 요청했다. 슈리따무니를 말리는 데 실패한 빤디따요기라자는 결국 살레카나를 허락하였다. 그는 명상을 하고 기도문을 읊으며 자신의 내면에 몰입하여 편안하게 신체를 포기했다.[8]

슈리따무니의 사례는 승단에서 행하는 모범적인 살레카나의 전형이다. S. 세터는 이외에도 슈라바나벨라골라의 비문에서 살레카나 서약을 선택하는 다양한 동기들을 분석했다. 출가자인 쁘라바짠드라Prabhācandra, 브릿사바난디Vṛsabhaṇandi와 여성 출가자 난디세나Nandisena는 삶에 완전히 질려서 살레카나 서약을 선택했다고 한다. 슈리따무니가 병환에 고통받는 신체가 싫다고 고백한 것도 그와 같다. 한편 성자인 라마짠드라Rāmacandra는 천상계에서 행복을 누리기 위해 이 생을 끝내고 싶어 했고, 마찌까베Mācikabe는 소중한 가족을 잃고 세상을 떠나고 싶어 했다.[9] 사실 이러한 동기는 자이나교에서 살레카나를 선택하는 이유로 인정받을 수 없으며 오히려 금지되는 위배사항들이다. 살레카나 서약에서 위배사항aticara에 해당하는데도 이러한 비문들이 세워졌다는 것은 그만큼 살레카나 자체가 숭상되는 시대였음을 알 수 있다.

또한 세터는 중요한 사항을 발견했다. 인도 남부의 까르나따까주는 공의파가 가장 많이 활동하던 지역이었다. 따라서 이곳에서 공의파의 경전들, 고고학적 유적, 비문 기록을 통해 살레카나의 사례들이 확인된다. 이 남부의 비문들에서는 살레카나라는 용어의 사용 빈도가 낮은 대신 삼매

그림 12 까르나따까의 기념비(Dinesh Kannambadi, CC BY-SA 3.0)

사를 뜻하는 사마디마라나라는 용어가 두루 사용되고 있음을 확인한 것이다. 공의파에서 살레카나는 신체적 소멸을 위한 단식사이지만, 명상적인 죽음까지 포괄하는 용어로서 사마디마라나라는 용어를 주요하게 쓰고 있음을 알 수 있다.

까르나따까주의 한 사원에서 비구 메가짠드라 데바루Megacandra Devaru의 살레카나 깐나다어 기념비가 발견되었는데, 그는 1371년 11월 23일에 살레카나로 임종했다. 최근 2022년에 까르나따까주에서 발견된 기념비는 더 이른 10세기의 것이다. 얀띠까라 바따까라카Yantikara Bhattarakha 비구의 살레카나 기념비로서 역시 교주인 띠르땅까라Tīrthaṅkara가 조각되어 있다. 쉬바르야Śivārya가 지은 『바가바띠아라다나Bhagavatī Ārādhanā』에는 이 죽

그림 13 14세기 깐나다주의 살레카나 기념비
(Dineshkannambadi, CC BY-SA 4.0)

음의 방법이 자세하게 나타난다. 이것을 행할 자격 있는 출가자가 적절한 장소를 선택하여 스승의 지도하에 죽음을 준비하기 시작한다. 또한 여러 도반들의 도움을 받는데, 각기 4명씩 팀을 이뤄 이 단식사를 행하는 자와 방문객들에게 가르침을 전해주고 여러 가지를 도와준다. 이를 행하는 장소를 정자maṇḍapa, 亭子라고 부르는데, 이곳은 신자들의 종교적 성지로 여겨지기도 한다.

『밧다라다네Vaddārādhane』라는 10세기 깐나다어 고전문학서에 나타난 19가지 설화에는 성자들이 첫 번째 수준의 살레카나나 홀로 죽음을 맞이하는 더 엄격한 살레카나를 행하는 내용이 담겨 있다. 14번째 설화에서는 전생에 우빠리차라Uparichara왕이었던 큰 뱀이 이미 재가자 서약을 했으며, 사라스바타 스승에게서 남은 생이 15일밖에 없다는 사실을 알게 된 후, 몸에 대한 집착을 버리고 모든 종류의 음식을 끊는 살레카나를 행하기로 한다. 스승은 왕자에게 전생의 아버지인 뱀이 살레카나를 선택했으니 경배해야 한다고 말한다. 왕자는 큰 정자를 세워 장엄한 마하비라의 상을 안치하고 하루에 세 번 경배pūjā 드렸다. 이곳에서 스승은 성전의 가르침을 연구하고 가르쳤다. 성전에는 다양한 지역 언어로 이 살레카나를 현자의 죽음, 자제하는 죽음, 사마디마라나라고 하며 찬탄하는 내용이 담겨 있다. 이런 종교 설화에서도 당시 까르나따까에서 이런 죽음이 유행하고 숭배되고 있었다는 것을 알 수 있다.[10]

현대 인도인이 선택한 살레카나

살레카나는 12세기 이후부터 점차 기념비문에서 사라지다가, 현대에 이르러 다시 일반 대중에게 알려지기 시작했다.

1940년대 북인도 라자스탄 지역을 방문한 인도학자 루이스 르누Louis Renou가 살레카나를 희망하는 출가자들의 사례를 보고하였다. 또한 공의파 출가자가 뜨거운 땡볕에 남부 슈라바나벨라골라의 짠드라기리 바위에 앉아 살레카나를 홀로 행하며 임종을 기다리는 모습이 목격되기도 하였다.[11]

그리고 1955년에 출가자 샨띠사가르Śāntisagar가 행한 살레카나가 자이나교 밖으로도 널리 알려지게 되었다. 샨띠사가르는 몇 세기 만에 공의파의 엄격한 수행 전통을 완전히 되살린 출가자로, 인도 전역을 나체로 유랑하면서 하루 한 끼만 먹고 침묵 수행을 했을 뿐만 아니라 전통 사본을 보존하고 연구하는 학승으로도 널리 존경받았다. 그는 불치의 백내장으로 타인의 도움으로만 지내는 상황이 되자, 1955년 6월, 성지순례 도중에 살레카나를 행하기로 결정했다. 그는 1955년 7월 7일에 살레카나 서약을 선언하고 완전 단식을 시작한 뒤 35일째인 1955년 9월 18일에 숨을 거두었다. 아래는 살레카나를 행하는 샨띠사가르의 모습이다.

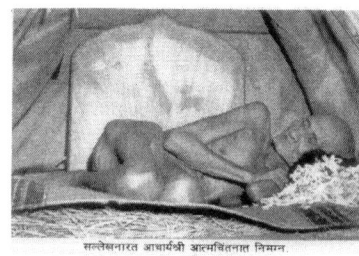

그림 14 살레카나를 행하는 샨띠사가르[12]

저명한 자이나 학자 P.S. 자이니 Jaini 는 그의 살레카나를 다음과 같이 묘사한다.

> 1955년 8월 23일이었다. 인도 마하라슈뜨라주의 꾼탈라기리 Kunthalagiri 의 성지에서 '평화의 바다'를 의미하는 샨띠사가르라는 위대한 영혼이 자발적으로 죽음에 이르는 단식을 행하고 있다. 그는 공의파 공동체의 스승으로 35년간의 출가자 생활을 마치고 약 2,500년 전 마하비라가 제시한 신성한 방식의 죽음을 맞이하고 있다. 8월 14일부터 9월 7일까지 물만 마셨고, 그 후 도움 없이는 마실 수 없게 되자 그것도 중단했다. 그리고 명료한 의식으로 공의파 기도문을 외우면서 9월 18일 새벽에 죽음을 맞이했다. 그의 신성하고도 온전한 삶, 그리고 죽음의 방식은 전 인도의 자이나교도들에게 널리 존경받고 있다.[13]

그림 15 테라판타파 자인비슈바바라티의 비구니 스님들(상)과 공양 중인 행자 비구니(하)

    이후에도 여러 보고들이 있었다. 수다르마사가라Sudharmasāgara는 살레카나 서약을 받고 약 42일간 단식 후 1973년 9월 24일에 숨을 거둔 출가자이다. 그는 한 달 반 정도 물과 우유를 마시다가 이후 2~3일에 한 번씩 물을 마셨고, 마지막으로 9월 9일에는 물도 포기한 후 15일 만에 임종을 맞이했다. 이 기간에 그가 동굴에서 살레카나를 행할 때, 코브라가 들어와 경의를 표했다는 소문과 함께 15,000명의 순례자들이 방문하기도 했다. 또 까르나따까주에서 1973년 9월 21일에 한 출가자가 지병으로 고통받던 중 살레카나를 서약한 지 4일 만에 임종했는데, 장례 행렬에 25,000명의 신자들이 참석한 사례도 있다고 하니 얼마나 신자들이 숭상하는 종교적 행사였는지 알 수 있다.[14]

종교학자 C.K. 채플Chapple은 1989년 라자스탄에 있는 백의파의 자인비슈바바라티Jain Vishbha Bharati에 방문하여 참관한 살레카나에 관해 자신의 저서에 남겼다. 자인비슈바바라티는 백의파에서 사회적으로나 세계적으로 가장 활발한 포교 활동을 하는 테라판타Therapanth 종파에서 설립한 교육 기관이다. 종합대학이자 출가자 교육 및 양성 기관인 이곳에는 비구와 비구니들도 함께 거처한다. 당시 테라판타파의 80세 비구니 사드비 케샤르지Sadhvi Kesharji는 치명적인 신장 수술을 포기하고 살레카나 서약을 선택했다. 시작한 지 28일째에는 임종의 방에서 스승과 동료들이 모여 그녀를 위해 함께 기도했으며 스승인 툴시Tulsi의 허락으로 채플도 참관할 수 있었다. 그녀는 자신이 스승과 도반들 속에서 최상의 죽음을 맞이할 수 있음에 감사했으며, 이후에도 단식을 이어가다가 40일째에 마지막 숨을 거두었다.[15]

살레카나는 점차 그 사례가 세상에 널리 알려지기 시작했다. 살레카나의 윤리와 사례를 연구한 P. 빌리모리아Bilimoria는 1992년 당시 인도의 잡지나 뉴스에 종종 살레카나를 기리는 기사가 실리는데 연간 평균 5~6회, 많으면 10회에 이른다고 보고했다. 기사들의 표제는 다음과 같다: "자이나 출가자의 현인 死", "출가자 프라사드, 자발적 단식사를 행하다", "자이나 출가자의 열반을 향한 영적 여행" 등. 그러나 알려지지 않은 사례까지 더한다면 실제 인도의 살레카나 실행사례는 훨씬 더 많다. 2010년 조사에 따르면 2008년에만 인도 전역에서 465명, 2009년에는 550명이 살레카나를 행했고, 평균적으로는 약 300여 명이 살레카나를 행해 왔다고 한다.

또한 2015년 조사에 따르면 자이나교도가 많이 밀집된 남부 뭄바이에서만 지난 7년간 400여 명이 살레카나를 행했다고 한다.

한편, 공의파의 쁘라끄리띠 문헌들까지 모두 포함한 성전들을 분석하여 살레카나 및 사마디마라나에 관해 연구해 온 D.S. 바야는 현대 인도에서 살레카나를 실행하는 사례들을 엄밀히 조사했다. 1994년 1월부터 2003년 12월까지 10년간 살레카나를 행한 인구통계를 조사한 결과, 약 2,400명이 살레카나를 행하여 매년 평균 약 240명이 살레카나를 행하는 것으로 추산되었다. 바야는 이 중에서 350명의 사례를 분석했는데, 약 74%는 백의파 전통에, 26%는 공의파 전통에 속한 사람이었다. 남성과 여성의 살레카나 실행 비율에 관해서도 흥미로운 점이 발견된다. 공의파는 나체 수행까지 하며 완전한 무소유를 실현하지 못하는 여성의 해탈 가능성을 제한했고 백의파에서는 여성의 해탈 가능성을 긍정했는데, 백의파에서 종교적 신념에 따라 살레카나를 행한 이들 중 47%가 여성 신자였고, 38.3%가 남성 신자, 비구니가 10.3%, 비구가 4.3%를 차지했다. 출가자의 비율은 적지만, 신자에 비해 적은 숫자임을 감안하면 적은 비율은 아니다. 한편 공의파 공동체에서는 거의 반대로 나타난다. 비구가 46.1%로 가장 많았고, 비구니가 39.3%, 남성 신자가 1.0%, 여성 신자가 0.6%를 차지했다. 지역적으로는 사례의 62.9%가 도시에서 발생했으며, 37.1%가 농촌 지역이었다. 또한 D.S. 바야는 연령 분포도 계산했는데, 중앙값 연령대는 71~80세 사이였으며, 가장 어린 수행자는 21세, 가장 나이가 많은 수행자는 100세가 넘었다. 살레카나를 선택한 동기에 대해서는 96.4%가 고령이나 불치병으로 인해 살레카나를 선택했다고 밝혔다.[16]

매년 인도에서 살레카나를 행하는 자이나교도들이 생각보다 많다는 사실이 놀랍다. 2000년 기준으로 자이나교도는 인도 전체 인구 약 10억 5

천 명의 약 0.4%에 해당하는 420만 명으로 보고된다. 이들 중 해당연도의 노년층은 7.5%로 315,000명이다. D.S. 바야의 연구에 따르면 연간 평균 240여 명이 살레카나를 행했다고 보고되니, 그렇다면 전체 대비 약 0.076%가 1년 중에 살레카나를 행한 것이다. 즉, 10,000명 중에서 약 8명의 자이나교 노인이 살레카나를 행한 것이다.

살레카나의 기간은 사람마다 다르며 기간을 조절할 수는 없지만, 보통 물을 끊은 후 빠르게 임종을 향해 간다. 사례에 의하면, 빠르게는 4일~2주가량, 더 지속되면 40~60일가량 걸리는 것으로 보고된다. 물론 더 긴 시간이 걸리는 경우도 많다. 쁘렘지 히르지 갈라Premji Hirji Gala의 경우 1994년 11월 7일 살레카나의 서약을 하고 세상을 떠날 때까지 212일이 걸렸다.

그러나 전통적으로 자이나교 고층 성전에는 오랜 준비 기간을 거치고 본 단식에 들어감으로써 최장 12년에 걸쳐 살레카나를 행하는 방법도 나타난다. 바야가 조사한 바에 따르면, 1년 이상에서 12년에 이르기까지 장기 살레카나 사례가 18건 있었다고 한다.

도대체 12년간의 살레카나는 어떻게 가능한가. 자이나교 고층 성전에는 12년간 살레카나를 행하는 방법이 상세하게 설명된다. 이러한 전통에 따라 12년간 살레카나를 행한 비구니의 사례가 방송을 통해 대중에게 공개되었다. 2012년 10월 31일에, 2000년부터 12년간 지속되어 온 살레카나를 내셔널 지오그래픽 TV시리즈 〈Taboo〉편에서 방영한 것이다. 다섯 자녀의 어머니인 아드리까 니쉬 빠뜨마띠Ādrykā Neesh Patmati는 남편 사후에 자이나교 공의파로 출가하였다. 그녀는 10년간 출가 생활을 한 후에 약 70세에 관절염, 시력과 청력의 저하로 걷기가 어려워지자 자이나교 전통에서 최장 기간인 12년짜리 살레카나 서약을 희망했다. 승단에 딸인 락

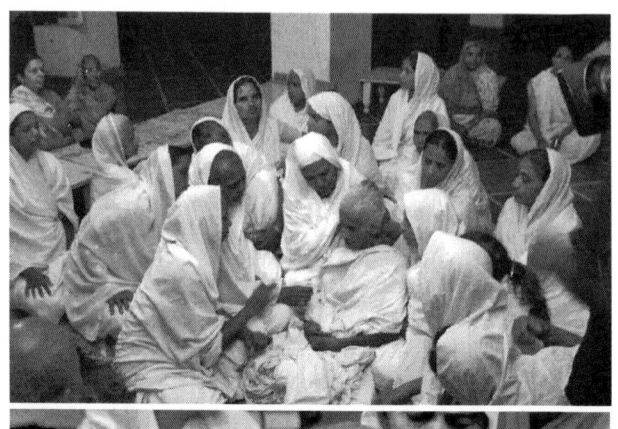

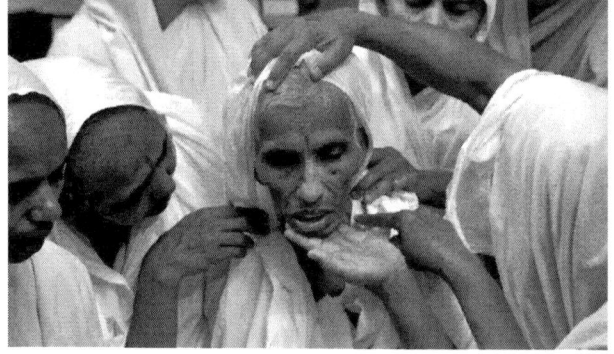

그림 16 12년의 살레카나 끝에 임종을 맞이하는 니쉬 빠뜨마띠의 모습[17]

쉬미도 출가해 있었기에 가능한 일이기도 했지만, 30인의 동료들도 그녀의 서약을 기꺼이 돕기로 맹세했다. 12년 후 많은 이들의 기도 속에서 니쉬 빠뜨마띠는 새벽 1시에 마지막 숨을 내쉬었다.

살레카나는 인도뿐 아니라 해외에서 거주하는 신자들에게도 바람직한 죽음으로 신성시된다. 눈에 띄는 것은 미국에서의 살레카나 사례이다. 미국에서 최초로 살레카나에 관해 본격적으로 박사연구를 진행한 W.M. 브라운Braun이 위 다큐멘터리에서 살레카나에 대해 설명하는 모습을 보게

된 바가와띠 가다Bhagawati Gada가 그녀에게 연락을 해 왔다. 미국에 이주하여 정착한 바가와띠 가다는 은퇴한 의사이자 독실한 자이나교도로서 대장암 말기 상태였다. 수술과 화학치료에 지친 그녀는 인도가 아닌 미국에서 살레카나를 행할 수 있는지 궁금했다. 미국의 법률과 의료체제 안에서 살레카나가 공식적으로 허용될 수 있을지 우려한 것이다. 이미 인도에서 살레카나가 자살법에 저촉되는 것으로 기소되어 있음을 그녀도 잘 알고 있었다. 그러나 바가와띠 가다는 자신의 살레카나가 공개되고 공식적으로 이뤄지기를 원했다. 그래서 브라운과의 인터뷰를 통해 살레카나에 대한 자신의 신념과 의지를 밝히고, 남편과 함께 살레카나가 자살이 아닌 종교적 권리라는 점을 밝히는 법적 문서도 작성했다. 그녀는 이러한 준비를 마치고, 결국 대장암을 치료할 더 이상의 방법이 없다는 의사의 확인을 받은 후에 살레카나 서약을 했다. 그리고 자신의 뜻대로 자택에서 살레카나를 원만히 마치고 2013년 7월 7일에 임종했다.[18]

그러면 살레카나가 인도에서 법적으로 제지받은 사례를 좀 더 자세히 살펴보자. 인도 라자스탄주에서 법적 조치를 취한 사례는 뇌종양과 백혈병 진단을 받은 61세 백의파 여성신자 빔라 데비 반살리Vimla Devi Bhansali에 대해서이다.

인권 운동가이자 변호사인 니킬 소니는 그녀에 대해 현지 경찰에 알리고 조치를 취하도록 요청하여 단식을 중단시키려 했다. 그는 살레카나가 힌두교 과부들이 남편의 장례식 장작더미 위에서 자신을 제물로 바치는 사띠Sati의 악습과 유사하다고까지 주장했다. 그녀가 죽기 6일 전인 2006년 9월 23일, 니킬 소니와 마드하브 미트라Madhav Mitra는 경찰서장에게 단식을 중단시키라고 정식으로 고소장을 제출했다. 당시 죽음에 이르는 단식은 자살이나 안락사와 비슷하기 때문에 법으로 금지되어 있었다. 사실

경찰이 행동을 취하기 전에 종교적 단식을 금지한 법적 판례가 무엇인지에 대한 명확한 근거가 필요했지만, 그녀는 분쟁이 해결되기 전에 사망했다. 그녀는 백의파 전통에 따라 살레카나를 허용받아 2006년 9월에 살레카나를 시작했다. 이에 소니는 법원에 민사영장을 제출했다. 생명을 종료하는 법적 수단인 살레카나의 권리가 인도 역사상 처음으로 인도 고등법원에 기소된 것이다. 그녀의 살레카나는 가족과 공동체 내에서 신성한 죽음으로 화려하게 기려졌으나 동시에 사회적으로 살레카나의 합법성에 관한 사회적 논란의 신호탄이 되었다.

까옷사르가 명상을 하는 바후발리: 남부지역의 슈라바나벨라골라에 위치한 자이나교에서 가장 유명한 성상인 곰마떼슈와라상은 까옷사르가 명상 자세로 서 있다.

까르나따까주의 살레카나 기념비

기도 모임 중인 자인비슈바바라티의 테라판타파 비구니들

자인비슈바바라티에서 식사하는 행자 비구니들

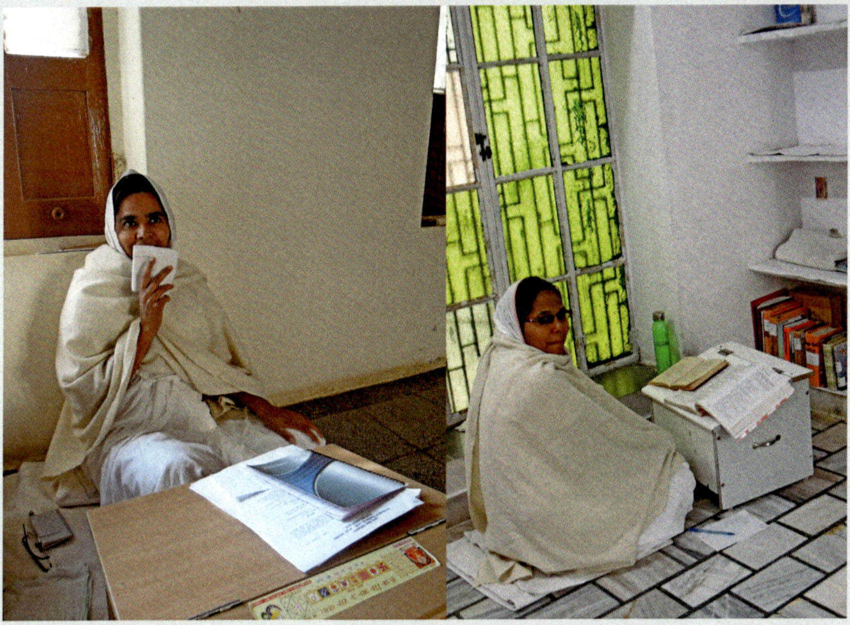

자인비슈바바라티의 테라판타파 비구니들

자인비슈바바라티의 채식 공양간

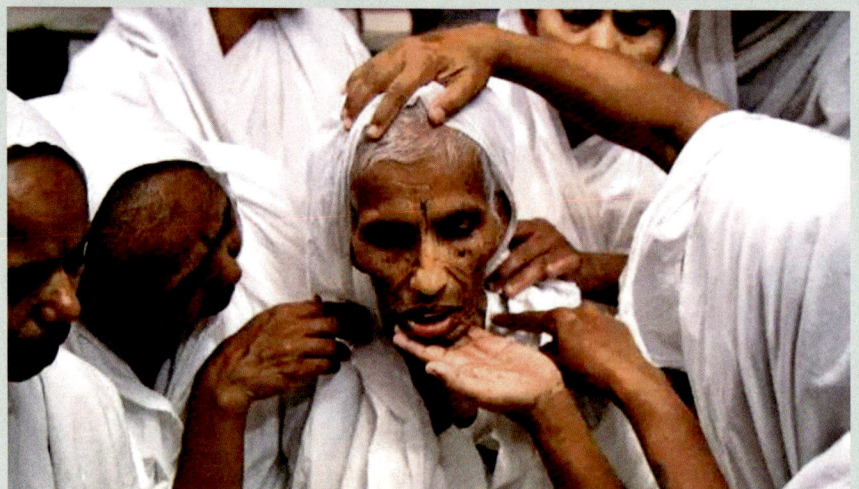

자이나교 전통에서 최장 기간인 12년의 살레카나 서약을 한 니쉬 빠뜨마띠. 많은 이들의 기도 속에서 임종을 맞이하고 있다.

인도 중부 데오가르에 있는 자이나 사원의 띠르땅까라 조각상들: 띠르땅까라는 자이나교에서 깨달음에 도달한 뒤 사람들을 이끄는 교주들을 가리키는 말이다.

올드델리의 도심가 자이나 사원에서 기도하는 신자

자이나교의 5대 순례지 중 하나인 라낙뿌르의 자이나 사원: 자이나교의 초대 띠르땅까라인 아디나따를 모시는 사원으로 15세기에 지어졌다.

라낙뿌르의 자이나 사원에서 전단향을 제조하는 신자

라낙뿌르 자이나 사원 천장의 아름다운 조각

자이나교 24인의 띠르땅까라 중 23번째인 빠르슈바나타: 뱀의 공격으로부터 보호받았다는 전설 때문에 머리 위에 뱀 1,008마리의 모자를 쓰고 있는 모습으로 묘사된다.

올드델리에 위치한 자이나 공의파 사원에서 운영하는 새 병원

올드델리의 자이나교 마하비라 도서관

제 4 장

단식사의 서약, 살레카나 브라따

제 4 장

단식사의 서약, 살레카나 브라따

점차 딱딱한 음식을 멈추고, 진한 음료를 늘려야 한다. 다음에는 단계적으로 진한 음료도 멈추고, 신맛 나는 음료를 늘린다. 자신의 상태에 맞춰 신맛 나는 음료도 멈추고 완전한 단식upavāsa을 행하며, 5가지 귀의 만뜨라를 마음에 지니는 자는 모든 노력을 다하여 신체조차도 버린다.　　　　(『라뜨나까란다슈라바까짜라』)

임종의례로서 살레카나 브라따

　자이나교에서 지향하는 궁극적인 자유인 해탈은 영혼의 순수성을 회복함으로써 가능해진다. 이를 위한 수행은 종교적 맹세, 서원 및 서약을 뜻하는 그들의 브라따vrata로 집약되어 있다. 브라따는 불교의 계율인 쉴라śīla와 비나야vinaya에 상응하는 것으로서 반드시 지켜야 할 윤리와 수행의 지침이다. 브라따는 자이나 수행의 근간이자 실제이다. 자이나교의 수행론을 면밀하게 연구한 윌리엄스Williams(1993)의 역작인 『자이나 요가』는 사실 이 서약에 대한 연구로 일관된다. 12세기에 자이나 수행론을 집대성한 학승, 헤마짠드라Hemacandra의 방대한 『요가샤스뜨라』와 주석서도 절반 이상이 서약에 대한 상세한 지침이다.

이러한 서약이 수행의 규범이자 지침이라면, 수행주의asceticism 종교에서 서약이란 곧 종교의례라고 할 수 있다. 종교의례는 신성이나 궁극적 경지에 도달하기 위한 구체적 행위 규범이자 실천이기에, 종교적 목적과 현실을 잇는 종교의 현실적 몸체라고도 할 수 있다. 에밀 뒤르켐은 종교의례가 성과 속의 영역을 연결한다고 말했다. 그런데 종교학자 니니안 스마트Ninian Smart는 종교적 체험에 따라 의례를 박띠bhakti와 요가yoga로 분류했다. 신에 대한 신앙에 따라 예배를 올리는 '박띠적 종교'와 달리 '요가적 종교'는 수행과 명상을 통해 신성 혹은 자신의 근원과 합일되는 신비적 경험을 추구한다. 이 후자의 종교 전통은 초기 불교에서 유래한 오늘날의 남방 불교권에서도 확인된다. 한편 초기 불교와 마찬가지로 수행주의 종교인 자이나교야말로 이 요가적 종교를 대변한다.

자이나교는 세계를 창조하고 주재하는 신을 인정하지 않는 무신론無神論 종교로서, 자력적 수행을 통해 순수한 영혼ātman, jīva을 회복, 현현시키는 것을 지향한다. 자이나교의 경우는 순수한 영혼이 바로 그들의 신성이기 때문에 이를 위한 수행 및 실천체계가 바로 넓은 의미의 종교의례에 해당하는 것이다. 무신론의 자력적인 수행주의 종교에서 성스러움에 도달하는 주요한 방법은 '수행', 즉 니니안 스마트가 말한 요가 명상적 의례이다.

이러한 자이나교의 종교의례 중에서도 죽음의 의례는 바로 임종 시의 수행인 살레카나를 통해 그 본질과 의의를 알 수 있다. 불교와 힌두교에서도 죽음에 대한 의례와 수행법을 계발했지만, 자이나교에 비하면 타력적이다. 박띠적인 종교의례가 더 발전한 힌두교와 대승불교는 자신의 사후 운명을 개선하기 위해 다양한 외적 의례를 계발했다.[1] 대승불교와 밀교가 발전한 티벳에서 죽은 자死者에게 『바르도 퇴돌(티벳사자의 서)』을 독경해 주는 이유는 스승의 인도로 안전하게 사후세계 bardo(중음)를 통과하게 하기 위해서이다. 그러나 자이나교의 경우 스승이나 외적 의례의 힘에 의해 사후세계의 평안이 보장되진 않는다. 오직 살아생전 자기 행위의 결과만이 사후 운명을 결정하기 때문에 임종 순간까지 최선의 자력적 수행을 추구할 뿐이다. 힌두교나 불교와 비교할 때 자이나교에서 죽음의례의 주체는 죽음을 맞이하는 임종자 자신이라는 점이 특징적이다.

그런데 살레카나는 죽음의례에 속하지만 더 정확히는 임종의례에 해당한다. 종교학자 반 주넵A. Van Gennep은 모든 종교의 통과의례가 분리-전이-통합의 3단계로 구분된다고 했는데, 그중에서도 죽음의례는 이 3단계의 도식을 잘 드러낸다. 힌두교의 죽음의례는 3단계인 임종의례, 화장의례, 사후의례로 구분되기에 임종-화장-사후의례는 각각 분리-전이-통합이라는 과정에도 대응되는 듯 보인다.[2] 자이나교의 살레카나는 이 삶과 신체로부터 영혼이 분리되는 죽음의 첫 단계인 임종의례인 것이다.

모든 자이나교도가 살레카나를 행하는 것은 아니며 화장의례와 사후의례가 있지만, 힌두교와 비교할 때 화장의례와 사후의례가 간소한 편이다. 이는 자이나교가 지닌 철저한 자력적인 수행주의 전통과 관련이 있다. 자이나교는 인도에서 독자적인 정체성을 유지하면서도 힌두교와 문화적 융합을 이룬 채 공존하고 있으므로 우선 힌두교의 죽음의례와 관련하여 간략히 살펴보자.

박띠적 유신 종교의 특징과 수행주의 종교의 특징을 두루 지닌 힌두교에서는 수행자와 일반인의 죽음의례를 구분한다. 일반인들은 임종 후에 화장의식을 통해 영혼을 정화시키고 천계로 전이시키며, 사후의례를 통

표 2 힌두교와 자이나교의 죽음의례 과정

종교의 통과의례	힌두교의 죽음의례	자이나교의 죽음의례
분리	임종의례	임종의례(살레카나)
전이	장례의례(화장제)	장례의례(화장제, 매장)
통합	사후의례(조상제, śrāddha)	사후의례

해 조상령이 된 영혼들의 복덕을 기원한다. 그러나 수행자들은 이미 살아생전에 수행의 불로 오염을 정화하고 영혼을 단련하였으므로 정화의 화장의례나 복덕을 비는 사후의례를 필요로 하지 않는다. 그들의 자발적이고 선한 죽음은 타자의 조력을 통해 정화할 필요 없이 곧바로 신성을 획득한다. 그래서 힌두교에서도 인생의 4주기 중 마지막 단계에서 산야신 sanyāsin이 단식사와 같은 방식으로 죽음을 맞이하면 화장하지 않고 매장한다. 수행자의 삶은 살아생전에 입문식을 시작으로, 삶 전체가 정화과정이기 때문이다. 그들은 고행의 신성한 내적 열기인 타파스 tapas로 이미 정화되었고, '살아 있는 죽은 자死者'이므로 다시 화장할 필요가 없다.³

자이나교의 경우 살레카나를 행한 자는 죽음 이후에 더 이상 정화할 필요가 없으므로 화장을 중시하지는 않고, 사후 환생이 곧 이뤄진다고 보기 때문에 조상제 같은 사후의례도 행하지 않는다. 일반 재가자들은 간략한 힌두식 화장제를 따르지만, 그 의식이 간략하여 사후의례도 행하지 않거나 간소한 편이다.⁴

자이나교의 임종의례인 살레카나 브라따를 이해하기 전에 우선 죽음의례의 과정 전체를 간략하게 살펴보자. P. 플루겔 Flügel은 자이나교의 죽음의례를 크게 임종의례-장례의례-사후의례 3단계로 나누고, 상세하게 7단계로 구분했다.

표 3 자이나교의 7단계 죽음의례

	죽음의례	상세 절차
1	임종의례	살레카나(sallekhaṇā)
2	장례의례	시신 처리(nirharaṇa)
3		장례식, 화장 관련 의식(dāhasaṃskāra)
4		유골 수습(asthisaṃcayana)
5		유골 폐기(asthivisarjana) 및 장례 기념비(stūpa, samādhi) 설립
6	사후의례	추모(smṛti)
7		제사(bandhana) 및 뿌자(pūja)

1단계는 임종의례로서 임종의 공간에서 이뤄지며, 이후에 시신 처리를 위해 이송된다. 그리고 2~5단계는 장례식장의 관습에 따라 시행된다. 한편 장례식 이후에 행하는 사후의례는 고인의 상태, 신자들의 고인에 대한 애착 정도, 그리고 기타 상황에 따라서 매년 실행할 수도 있지만, 비정기적으로 실행되거나 혹은 아예 행하지 않기도 한다.

자이나 출가자들은 장례 및 사후의례에 참여하는 비중이 다른 종교에 비해 매우 낮다. 원칙적으로 살레카나와 시신 처리에만 주로 관여한다. 일반적으로 자이나교는 영혼이 신체로부터 분리되어 죽는 순간 거의 곧바로 환생한다고 여기기 때문에, 사후의례가 발달하지 않았다. 본래 자이나교에서는 시신을 화장하는 것을 불로 태우는 폭력의 한 형태로 여겼기에 초기 계율 경전에서는 화장, 매장, 수장 등의 어떤 장례의식도 취하지 않았다고 한다. 심지어 최초기 성전에서는 출가자의 시신을 이후에 숲속 적절한 곳으로 이동시키고 유기하는 상세한 방법을 규정하고 있어서, 실제로 숲속에서 홀로 행한 살레카나의 사례가 빈번했음을 알 수 있다. 그러나 점차 후대에 베다의 죽음의례인 화장-유골 취합-비석 건립-정화제 등에 해당하는 의례가 자이나교에도 유입되어 힌두식의 죽음의례를 행하지만 전체적으로 간소하다. 자이나교에서는 공식적으로 의무적인 애도

기간이나 의식적 정화제인 사후의례가 없다. 대신 유가족들이 명상을 통해 정신적인 정화를 하고, 자이나교 출가자나 사원을 방문하는 관습은 있다.

자이나교에는 심지어 장례식과 그 이후 의식은 진정한 의미에서 '종교적' 관습이 아니라 산 자들을 위한 '사회적' 관습이라고 말한다. 자이나교의 까르마론에 따르면, 사망 이후 24시간 이내로 빠르게 행해지는 화장 이전에 이미 시신의 영혼은 몸을 떠난다고 한다. 그러니 사후에 존재하는 영혼을 위한 의식이 아니라, 현세를 살고 있는 유가족과 관계자들을 위한 의식이라는 것이다.

다만, 그들은 죽음의례의 과정에서 출가자이든 재가자이든 살레카나를 가장 의미 있는 신성한 의례로 여기고 있다. 초기 성전에 고독하게 홀로 숲속에서 살레카나를 행하던 사례들과는 달리 오늘날에는 살레카나를 행한 수행자의 경우 화려한 장례행렬로 그 가치를 되새기고자 한다.

살레카나를 완성한 출가자나 신실한 재가자들은 화려한 왕실 스타일의 가마에 앉은 자세로 이송된다. 힌두교나 불교, 자이나교 모두 일반적으로 시신이 뉘인 채 이송되는데 뛰어난 수행자는 좌탈입망을 표현하며 앉은 채로 장례 행렬을 나서는 것이다. 화려한 가마의 편안한 자리 sukhāsana에 앉은 시신의 모습은 〈그림 17〉과 같다. 사실 자이나 초기 문헌에서는 살레카나를 행한 수행자의 시신을 화려한 가마에 앉히는 관습이 전혀 언급되지 않는다. 전통적으로 장례용 가마는 왕족의 특권으로서, 최근까지도 왕의 허가를 받아 공개적으로 사용할 수 있었다. 자이나교에서는 점차 출가자들에게 영적 통치자의 권위를 부여하고, 심지어 마하라자 mahārāja라 칭하기도 했는데, 전통적으로 자이나 출가자에게 왕의 상징을 허용할 순 없었기에 단지 죽음 직후와 화장 사이의 짧은 기간에 허용된 것이다.[5]

그림 17 화려한 가마의 장례행렬

출가자의 장례는 재가자에게 덕을 쌓을 기회로서, 일부 자이나교 공동체에서는 가마를 짊어지거나 화장 시에 불붙이는 일을 하면 덕을 쌓게 된다고 하여 경매에 붙이는 경우까지 있다.[6] 자이나교 장례용 가마 vaikuṭhī가 힌두 전통의 고대 천계의 전차 및 궁전인 비마나 vimāna와 닮았다는 점은 수행자의 죽음이 이제 새로운 재생을 위한 영적 여정을 출발했음을 보이는 것이다.

힌두 전통에서 화장터의 불길과 연기로 인해 천계에 적합한 신체로 변형하고 이동한다는 믿음은 자이나교에는 적용되지 않는다. 다만, 죽은 고인의 이미지가 산 자들의 마음에 남아 있는 시점에 화장을 통해 신체의 소멸을 시각화하여 신자들에게 종교적 교육의 역할을 할 뿐이라고도 한다. 특히 내적 의례 pūja로서 명상을 강조하는 비非성상숭배파인 백의파 테라판타파에서는 공식적으로 장례식이란 순전히 사회적 행사에 불과하다는 입장을 고수한다.

고층 성전에서는 출가자들이 동료 출가자의 시신을 버린 후에, 의무적으로 까욧사르가 명상을 행했다고 전해진다. 이 명상은 신체에 결합된 의식을 철수하고 집착을 끊기 위해 미동도 하지 않고 주로 선 채로 명상에 잠기는 수행법이다.[7] 이 까욧사르가가 출가자들이 행하던 일종의 내적인 장례의례라면, 오늘날 행해지는 일반적인 장례의례는 남은 자들, 특히 재가자들의 종교적 열망을 충족하고 교육하기 위한 것이다.

임종 시의 수행 서약인 살레카나 브라따는 자이나교의 임종의례이다. 원래 살레카나는 빠르슈바교의 신자인 마하비라의 부모도 행했다고 전해질 정도로 당시 슈라마나 수행전통에서 행해지던 고대의 임종의례였고, 마하비라와 당시 재가자가 행했다는 기록도 있을 정도로 규제가 없는 수행이었다. 그러나 점차 제약이 생겨서 서약으로 규정되어 재가자의 경우는 특히 본인이 서약을 선택하더라도 승단의 출가자에게 허가를 받아야 실행할 수 있다.[8]

살레카나 서약을 이해하기 위해 앞서 말한 『요가샤스뜨라』에 나타난 서약체계를 살펴보자. 자이나교의 서약체계는 출가자와 재가자의 5가지 서약을 중심으로 각각 이것을 보조하는 수행으로 구성된다. 자이나 서약의 윤곽을 간략한 표로 살펴보자.

표 4 자이나 서약의 체계

출가자의 수행			재가자의 수행(= 12 서약)		
5대 서약	5 용심	3 제어	5 소서약	3 보조서약	4 학습서약
불살생	보행	마음	불살생	방향 제한	사마이카행
불망어	담화	언어	불망어	쾌락의 제한	이동 제한
불투도	탁발	신체	불투도	폭력의 철수	단식
불사음	취득		불사음		수행자 접대
불소유	배설		불소유		
* 선택적 서약 = 살레카나 브라따					

출가자와 재가자는 공통적으로 5가지 서약을 지켜야 한다. 아힘사로 잘 알려진 불살생, 불망어, 불투도, 불사음, 불소유는 공통되지만 그 강도와 엄격함은 다르다. 출가자는 이 5가지 서약을 완전하게 준수하기 위해 헌신하기 때문에 대māha 서약을 지니는 것이고, 재가자는 이를 따르기에 소anu 서약을 지니는 것이다. 일상에 주의를 기울이는 용심用心의 수행은 일상생활에서 앞의 5가지 서약을 어기지 않도록 세심하게 보조하는 구체적 지침들이다. 재가자들의 서약이 더 상세한 이유는 그들이 생계를 위해 살아가면서 저지르는 많은 폭력과 과오를 조심하게 하기 위해서이다.

그런데 기본적으로 살레카나 서약은 앞의 표에서 보이듯이 마지막에 선택적 추가 서약으로 배치되어 있다. 살레카나가 필수서약이 아니라 선택적인 추가 서약인 건 왜일까. 자이나교 수행론에서 목숨처럼 지켜야 하는 지침은 모든 생명을 보호하고 해치지 않는 불살생ahimsa의 준수이다. 어떤 생명이든 물리적으로나 정신적으로나 해치지 않아야 한다는 이 서약은 절대 원칙이다. 만일 살레카나를 행할 의지와 능력이 없는 자에게 이를 요구할 경우 그 자체로 정신적 살생bhāvāhimsā이 되기에 선택 서약으로 배치한 것이다.

또한 자발적으로 선택할지라도 재가자의 경우 교단의 스승에게 허락을 받고서 행할 수 있다. 기본적으로 백의파 초기 전통에서 살레카나가 출가자에게만 국한된 것이 아니라고 했지만, 이는 표면적인 지침으로 재가자들의 윤리수행론서들에서도 다루지 않았다. 『요가샤스뜨라』에서 간략히 언급된 것 외에는 이후 백의파의 재가자 대상의 수행서인 재가행 문헌에서도 나타나지 않는다.

반면 공의파에서는 일찍이 5세기쯤부터 재가자들에게도 살레카나를 공식적으로 개방했다. 살레카나 서약을 재가자의 12가지 서약체계 중에서 학습서약śikṣa-vrata에 포함시켜 스승에게 허락받을 수 없을 경우에도 스스로 선택할 수 있도록 한 것이다. 자이나교에서는 중세 시대에 이르기까지 출가자들이 재가자들의 수행을 위해 상세한 수행서를 제시했다. 이러한 수행론서들을 재가행서在家行書, śrāvakācāra라고 부른다. 재가자 śrāvakācāra의 행동지침ācāra인 것이다.

그 대표적 문헌이 공의파 학승인 사만따바드라Samantabhadra의 『라뜨나까란다슈라바까짜라Ratnakaraṇḍaśrāvakācāra』이다. 물론 공의파에서도 출가자에게만 살레카나를 허용하는 입장이 있다. 또 다른 재가행서인 바수난딘Vasunandin의 『슈라바까짜라Śrāvakācāra』에서는 출가자만 살레카나를 행할 수 있다고 자격을 제한하기도 한다. 그러나 기본적으로 공의파가 백의파보다 살레카나에 대해 더 적극적으로 수행서에 상설하고 재가자들에게도 개방하는 입장에 있다.

5세기 『라뜨나까란다슈라바까짜라』의 마지막 장인 제5장은 「살레카나장sallekhanāpratimā」이다. 이 문헌과 쁘라바짠드라Prabhācandra의 주석서 내용을 통해 살레카나 서약의 구체적 내용이 나타난다. 이외에도 백의파의 『요가샤스뜨라』 제3장에 나타난 내용, 그리고 5~6세기에 지어진 자이나교 계율서인 『비야바하라수뜨라 주Vyavahārasūtrabhāṣya』와 후대 복주석서로 이 내용을 살펴보자.

자격과 목적, 누가 왜 행하는가

오늘날 인도의 자이나교에서는 대체로 재가자들도 승단의 허가를 받고 살레카나를 행할 수 있다. 그런데 일찍이 5세기에 사만따바드라는 대

서약을 받았든 아니든, 출가자이든 재가자이든, 공의파이든 백의파이든 단계적으로 살레카나 서약을 행할 수 있다고 허용했다. 앞서 소개한 공의파의 대표적인 재가자 수행론서인 『라뜨나까란다슈라바까짜라』 5.1은 "재가자는 소서약을 행하듯이 살레카나도 행해야 한다."고 말한다. 『라뜨나까란다슈라바까짜라』에서는 뒤이어 "해탈할 가능성을 지닌 자들은 반드시 살레카나를 실행하도록 노력해야 한다."고도 말하고 있다. 해탈할 가능성이 있는 자들이란 해탈을 성취할 가능성 bhavyatva 을 지닌 자들을 말하며, 자이나교 전통에서는 해탈도인 바른 믿음, 바른 수행, 바른 지혜 중에서도 첫 번째 조건인 바른 믿음 samyakdarśana 을 지니고 수행하는 자들을 말한다.

자이나교에서는 전통적으로 해탈의 가능성이 더 높고 열려 있는 자들과 상대적으로 그렇지 못한 자들, 그리고 애초에 해탈이 불가능한 자들을 분류했다. 자이나교의 교주인 마하비라가 모든 사항을 다 알고 있는 일체지자 omniscient, sarvajña 여야 하는 종교적 당위성도 여기에서 요청되었다. 스승은 제자들의 근기와 발전 가능성을 꿰뚫어 보고 지도할 수 있도록 일체지자여야 한다는 것이다. 이러한 자이나교의 해탈 불가능자 abhavyatva 는 불교의 일천제一闡提, icchantika 같은 개념이다. 해탈 가능자들의 수행의 시작은 해탈도 중에서도 진리에 대한 바른 이해에서 비롯된 믿음에서 시작된다. 이 바른 믿음의 유무를 자이나교와 비자이나교도로 구분하기도 한다. 우선은 자이나교의 신자들을 해탈 가능자로 보는 것이다. 해탈의 가능성이 있는 자들이라면 출가자든 재가자든 살레카나의 노력을 행하라고 권한다.

그러나 살레카나는 원한다고 아무 때에나 할 수 있는 것이 아니다. 살레카나는 재해, 기아, 노쇠, 그리고 불치의 병환에 처했을 때, 진리(다르마)

의 실현을 위해서 행하는 신체의 해방이다. 주석서의 내용을 보자.

> 성자들은 살레카나를 말한다. 그것(살레카나)은 무엇인가? 신체를 해방시키는 것, 즉 포기하는 것이다. 동물과 신과 인간이 만들어낸 재해의 시기에 행한다. 회복할 수 없으며 구제할 수 없을 때 해야 한다. 이 조건은 기근과 노환, 그리고 병환에도 적용된다. 그렇다면 신체로부터 해방시키는 목적은 무엇인가? 다르마, 즉 3가지 보물 ratnatraya 을 이루기 위한 것이지 다른 목적 때문은 아니다. 『라뜨나까란다슈라바까짜라 주석』5.1

신체를 해방한다는 건 신체를 포기하는 것이다. 살레카나의 원어가 '바른 소멸'을 뜻하듯이 자발적으로 신체의 생명이 소멸하도록 내버려 두는 것이다.

살레카나의 목적은 다르마여야 한다. 고전 인도에서 '다르마 dharma'는 사회적 의무나 도덕규범 외에도 우주적 이치나 진리를 의미하지만 여기에서 다르마는 수행이라는 규범을 의미한다. 출가자이든 재가자이든 해탈의 가능성을 지닌 자들이 닦아야 할 수행은 해탈의 수단이 된다. 전통적으로 자이나교에서는 해탈의 수단으로서 3가지 보물三寶인 바른 믿음, 바른 수행, 바른 지혜를 강조해 왔다. 바른 이해에 기반한 믿음을 기반으로 수행을 반복하며 점차 깊어진 이해로 드러나는 지혜는 단계적으로 밝아져 최종적인 깨달음, 즉 일체지로 완성된다. 이 과정은 임종 때까지 끝없이 닦아야 하는 영원한 다르마인 것이다.

수행주의 종교인 자이나교는 개인적 노환과 불치의 병, 사회적 재해와 기근의 상황에 처하여 더 이상 수행을 이어갈 수 없을 때 살레카나를 행하기를 권한 것이다. 『요가샤스뜨라』도 살레카나를 행할 조건으로 다르마의 유지 여부를 중시했다.

> 수행자가 행해야 할 6가지 필수 의무를 행할 수 없고, 죽음이 임박했을 때 단식에 의한 살레카나 서약을 실행한다. 『요가샤스뜨라』3.148

여기에서 6가지 필수 의무란 주석서에 따르면 1) 평정(사마이카) 명상수행, 2) 역대 24대 교주(띠르땅까라) 찬가기도, 3) 출가 스승에 대한 경배, 4) 서약 위배에 대한 참회 고백, 5) 까욧사르가 명상, 6) 특정 시기의 단식과 금욕이다.

결국 다르마를 성취하기 위한 살레카나의 목적은 자이나교의 수행 목적인 순수영혼에 올바르게 도달하고 현현시키기 위한 것이다. 물질세계의 속박에서 벗어나 순수한 영혼이 해방된 상태로 회귀하기 위한 수행의 극점에서 살레카나는 신체를 가장 효과적으로 분리하는 최후의 수행이다. 이는 앞서 말한 종교에 있어서 죽음의례의 과정이 '분리-전이-합일'의 측면을 지닌다는 것에 비추어볼 때, 신체의 올바른 분리(살레카나)는 순수영혼으로의 회귀 및 합일을 위한 가장 적극적인 최후의 임종 수행이자 방법이다.

일반적으로 자이나교에서 살레카나를 행한 자들은 최선의 방식으로 다르마를 지키고 악한 까르마를 최소화하며 임종하였기 때문에 다음 생에 좋은 영향을 끼치며 해탈에 더욱 가까이 간다고 믿는다.

서약의 위배사항과 마음의 준비

살레카나가 수행의 지침이자 서약이기 때문에 이를 제대로 실행하기 위해서는 행하지 말아야 할 위배사항, 즉 금기가 있다.

백의파와 공의파는 다소 다른 위배사항들을 가르친다. 우선 백의파는 5가지 위배사항aticāra을 말한다. 첫째, 인간으로서 다시 행복하게 태어나길 바라는 마음을 갖는 것, 둘째, 신神으로 행복하게 태어나길 바라는 마음, 셋째, 생명을 지속하길 바라는 마음, 넷째, 반대로 죽음을 바라는 마음, 다섯째, 감각적 즐거움을 바라는 마음을 갖는 것이다.[9]

이 중 생명을 지속하길 바라는 마음은 살레카나를 행하는 수행자에게 주어지는 배려와 관심을 즐기는 욕구이다. 뿌즈야빠다Pūjyapāda와 짜문다라야Cāmuṇḍarāya는 이를 '물거품같이 덧없는 이 몸을 포기하지 않으려는 저항'이라고 비판한다. 반대로 죽음을 바라는 마음은 주위에서 자신의 살레카나에 무관심할 때 실망하여 빨리 죽기를 바라는 마음이다. 마지막으로 감각적 즐거움을 바라는 마음은 내세에 부자나 용모가 아름답게 태어나길 바라는 마음이나, 생전의 즐거움과 사랑했던 친구들과의 놀이, 축제 등 즐거움을 회상하는 것을 말한다.

한편 『라뜨나까란다슈라바까짜라』는 5가지의 위배사항을 언급한다. 첫째, 삶에 대한 욕망, 둘째, 죽음에 대한 갈망, 셋째, 현세와 내세에 대한 불안, 넷째, 친구를 그리워하는 것, 다섯째, 내세에 대한 욕망이다. 이에 대해 주석서는 다음과 같이 자세히 설명한다.

> 삶과 죽음, 이 두 가지를 원하는 것은 욕망하는 것이다. 불안은 이 세상과 내세에 대한 불안이다. 이 세상에 대한 공포란 실로 굶주림이나 갈

증, 고통 등에 대한 불안이고, 그리고 내세의 불안이란 이러한 고행을 행했으므로, 내세에서 과보가 있을까 없을까 생각하는 것이다. 친구를 생각하는 것은 어릴 때 함께 놀던 친구를 떠올리는 것이다. 미래에 대한 욕망의 생각은 내세에서의 향락을 원하는 것이다. 교주(띠르땅까라)인 승리자들은 이들 5가지가 살레카나의 위배사항이라고 설했으며, 성전에 나타난다. 　　　　　　　　　　　　(『라드나까란다슈라바까짜라』5.8)

성전에 나타난다는 것은 두 종파의 공통된 중심 성전인 『땃뜨바르타수뜨라』를 말하는 것이다. 이외에도 다양한 문헌들에서 살레카나를 행하면서도 사소한 안락함들에 집착하거나 살레카나 단식이 장기화되는 것에 대해 두려워하는 것, 천상에 태어나고자 욕심내는 것, 살레카나에 쏟아지는 관심과 존경을 즐기는 것, 혹은 홀로 살레카나를 행하면서 빨리 죽길 바라는 것 등 다양한 위배사항이 언급된다.

　이러한 위배사항들은 주로 살레카나를 행하는 심리적인 마음가짐과 관련되지만, 이외에도 지금까지 설명했던 살레카나 서약의 실행 사항들을 적절하게 준수하지 않는 것이 기본적인 위배사항에 해당할 것이다.

단식 존엄사, 살레카나의 실행

장소의 선택과 기간

살레카나의 장소는 다양하다. 주로 출가자가 사원 내에서 하거나 재가자가 자신의 집안에서 하지만, 이외의 장소도 허용된다.

의식적 죽음을 실행하기 위해 그는 띠르땅까라(자이나 교주)들이 탄생하고, 출가했으며, 깨달음에 도달한 곳, 열반한 곳으로 가야 한다. 만일 그곳에 갈 수 없다면, 자기 집이나 숲속, 그리고 곤충에서 자유로운 장소에서 이 의식을 실행할 수 있다. 『요가샤스뜨라』3.149)

선대 교주들이 태어나거나 깨달은 종교적 성지에 가서 행할 수도 있으며 자기 집, 혹은 자유롭게 야외에서 할 수도 있다고 보았다. 그러나 임종 장소에서 다른 생명체를 살생하지 않기 위해 살피는 의식과 청소를 해야 한다.[10]

다양한 자이나 고층 성전들에서는 숲속에서 고행하면서 살레카나를 선택하는 자들을 언급한다. 『아짜랑가수뜨라』 36.10에 홀로 수행하는 자는 숲속에서 살레카나를 준비하라고 말한다. 짐승이 출몰하지 않는 적절한 장소를 찾아서 그곳에서 무기한의 단식을 시작한다. 이때 수행자는 벌레와 풀숲의 가려움, 추위, 그리고 나체로 죽어가는 수치를 견뎌야 하니 극한의 살레카나이다. 한편 예외적으로 전쟁터에서 부상당한 자이나 신자가 현장에서 살레카나를 선택한 사례도 언급된다.[11] 이는 고층 성전에 나타난 고행적인 3가지 자발적 죽음 가운데, 이동할 수 없는 극한 상황에서 스승 없이 홀로 행하는 두 번째 살레카나에 해당할 것이다.

살레카나의 기간은 목숨이 자연스럽게 끊어질 때까지 지속되므로 개인별로 다양하다. 최단기간 며칠에서부터 6개월, 최장 1년, 더 나아가 12년에 이르기도 하지만 대체로 15일에서 60일 사이가 평균적인 기간이다.

고층 성전인 『웃따라디야야나』에서는 개인에 따라 12일, 12개월, 12년의 기간을 말한다. 보통 현대 인도의 여러 살레카나는 60일 정도도 장기간이었다고 하는데, 12년간의 살레카나가 과연 가능할까. 앞서 2012년 공의파 비구니가 공개적으로 행한 12년간의 살레카나의 사례가 있는 걸 보면 이러한 전통이 살아 있는 것이다.

자이나 전통에서 말하는 12년간의 살레카나가 무엇인지 살펴보자. 이를 상세하게 설명하는 자이나 계율 문헌이 있다. 1세기경에 성립된 『비야바하라수뜨라 Vyavahārasutra』는 전체 10장으로 구성되며 5~6세기경에 바드라바후 Bhadrabahū가 주석서 『비야바하라수뜨라 주석 Vyavahārasutrabhāṣya』을 썼고, 이후 14세기경 말라야기리 Malayagiri에 의해 복주석서 Vṛtti가 지어졌다. 이 문헌의 마지막 10장의 3989송부터 '잘못된 것에 대한 속죄의 판단 pravaścitta-vyavahara'이 나타나고, 4008송부터 성전의 판단 agama-vyavahara이 나타난다. 그리고 4218-4230송에서 다룰 키워드 dvara, 門가 열거되는데, 총 24가지이다. 이 중에서 직접적으로 살레카나를 다루는 게송은 4218-4230이지만, 간접적으로도 살레카나 수행 지침은 4218-4274에 해당한다.

4218송부터 살레카나는 6개월의 최단기간부터 12년의 최장기간으로 나뉜다. 여기에선 6개월을 최단기간으로 설명하고 있지만, 일반적으로 6개월 이내에 좀 더 빨리 끝나는 경우도 많다. 자이나교의 고층 성전들은 살레카나의 기간을 더 장기간으로 잡고, 숲속에서 엄격하게 행하는 사례들을 설명하는 경향이 있다.

12년이 가장 긴 살레카나라고 일컬어지지만, 중간 기간의 살레카나는 12개월간 행하는 것이다. 송에서는 6개월이 최단기간이라고 했지만 말라야기리는 복주에서 1개월이나 15일 만에 끝낼 수도 있다고 말한다.

말라야기리는 4230송에서 최장, 중간, 최단기간의 살레카나 중 하나의 방식으로 자신의 목숨을 포기하고, 나무와 같은 형상 pātovagamaṇam으로 자발적인 죽음 imgini을 행하라고 말한다. 단식하며 서서히 살이 빠지고 마르면서 죽어 가는 임종자의 모습이 마치 고목과 같기 때문일 것이다.

허가와 참회 – 어떻게 시작하는가

헤마짠드라는 백의파의 수행론서인 『요가샤스뜨라』에서 서약을 자세히 설명하는 제3장의 말미에 살레카나의 실행과정을 간략하게 설명한다.

> 4가지 음식을 포기하고, 성스러운 기도에 집중하면서 그는 마하비라 등에게 귀의해야 한다. 그리고 4가지 귀의처에 귀의해야 한다. 해탈의 삼매에 젖은 자들은 이 세상과 저 세상에, 그리고 삶과 죽음에 어떤 기대도 남기지 않는다. 어떤 재해나 외적 공격도 두려워하지 않으며 그저 마하비라와 같은 승리자에게 깊이 귀의한다. 그는 재가신자 아난다처럼 명상에 잠긴 죽음(삼매사)에 도달할 것이다. (『요가샤스뜨라』3.150-152)

살레카나에서 중요한 단식절차에 대한 설명은 매우 짧으며, 대신 마음가짐의 중요성을 강조한다. 수행자는 외적으로는 음식물의 단식을 행하지만, 내적으로는 모든 것에 대한 집착을 버리고 귀의처에 마음을 두고 기도해야 한다. 현세에 대한 미련, 내세에 대한 두려움이나 기대도 버리고 깨달은 승리자를 기리며 명상 속에서 죽음을 맞이해야 한다.

또 다른 성전을 살펴보자. 보통은 예외적 상황이 아니라면 스승과 교단에 살레카나를 행하겠다고 밝히며 허가를 받아야 한다. 『짠드라베다』 172송은 평생 수행에 매진한 출가자가 임종 시에 다른 수행자에게 살레카나 서약을 허가받고 지키는 것은 마치 본인이 유능한 의사일지라도 자신의 질병을 다른 의사에게 밝히며 치료받는 것과 같다고 비유한다. 또한 『마하쁘라띠야키야나』에는 다음과 같은 서약의 맹세문이 나타난다.

> 저는 정식으로 주어진 절차에 따라 유익한 자발적 죽음인 사마디마라나(살레카나)를 받아들이겠습니다. 선대의 선각자들이 가르쳐왔던 사마디마라나는 생의 마지막에 진정으로 받아들일 가치가 있는 것입니다.
>
> (『마하쁘라띠야키야나』127)

많은 자이나 수행자들이 살레카나를 원한다. 그러나 그 역량을 판단하고 허락하는 것은 스승의 몫이다. 평소에 단식과 수행에 익숙한 자들이 살레카나 서약을 끝까지 지킬 수 있기 때문이다.

자이나 계율 문헌『비야바하라수뜨라 복주』에서 살레카나에 관련된 조항에는 스승이 살레카나를 허락하기 전에 제대로 예측하고 판단해야 한다고 말한다. 모든 욕망을 포기하지 못한 자가 살레카나를 행하다가 음식을 요구하고, 음식을 원하는 만큼 얻지 못하면 "이들이 나를 죽이려 한다."고 외치는 수행자의 사례도 나타난다(4255송). 스승의 판단이 중요한 또 다른 이유는 살레카나를 행하는 자를 승단에서 도와야 하기 때문이다. 스승은 살레카나 단식을 완성할 때까지 불미스러운 일이나 방해되는 일이 일어나지 않을지 미리 살펴야 한다(4256송). 또한 승단의 다른 구성원들이 반대할 때 스승의 독단으로 이를 허가해서도 안 된다(4262송). 이제 살레카나를 허락받은 수행자는 참회와 고백의 의식을 치러야 한다. 자신의 모든 죄를 고백하고 참회하면서 5가지 서약을 맹세해야 한다.

> 애정과 증오, 집착과 소유의 욕망을 모두 버리고 순수한 마음과 상쾌한 말로 친족과 따르는 자들을 허락한 뒤, 그들에게도 허락을 청해야 한다. 자신이 행했거나, 남에게 행하게 시켰거나, 남이 행하는 것을 허용한 모든 10가지의 죄를 남김없이 숙고하여, 죽는 순간까지 지속될 5가지 대

서약을 자신에게 세워야 한다. （『라뜨나까란다슈라바까짜라』 5.3-4)

주석서에 따르면 애정이란 나에게 도움이 되는 것에 대한 기쁨이고, 증오란 해로운 것에 대한 혐오감이다. 집착이란 주로 자식과 부인에 대해 그들이 나의 것이고 나는 그들의 것이라고 연관짓는 것이다. 소유는 외적인 것과 내적인 모든 것들이다. 이 모든 것을 포기함으로써 오염되지 않은 순수한 마음으로 허락을 요청해야 한다. 그리고 다음과 같은 마음가짐을 가져야 한다.

> 슬픔과 공포, 무기력함과 집착, 부조화의 긴장, 애정의 결핍을 버리고 용기를 갖고 힘을 내어, 감로수 같은 경전의 가르침으로 마음이 정화되도록 한다. （『라뜨나까란다슈라바까짜라』 5.5)

이 세상을 떠나는 슬픔, 단식의 갈증이 일으키는 공포, 무기력한 피로나 권태, 집착, 대상에 대한 분노나 증오심의 부조화, 그리고 애착을 버리려는 냉담한 무관심의 마음조차도 버려야 한다. 이러한 부정적인 마음을 놓아버리고, 살레카나에 대한 두려움 없는 용기를 지니고 내면의 힘을 일으켜 마음을 정화해야 한다.

죽음에 이르는 단식의 방법

살레카나의 핵심적인 방법은 단식이다. 단식은 수행자의 상태에 맞춰 점진적으로 적용된다. 자이나교에서는 출가자뿐 아니라 재가자들도 단식 수행을 하는 전통이 있다. 만일 단식을 해본 적이 없거나 익숙하지 않은 사람이 살레카나를 선택한다면 시작할 때 이미 심리적 두려움에 압도되거나, 단식 중의 현상을 견디지 못해 살레카나 서약을 철회하게 될 가능성이 있다. 평소에 단식수행을 하면서 평정심을 유지할 수 있었던 경험자들이 생의 말미에 자연스럽게 살레카나의 단식도 감당할 수 있다.

살레카나의 단식 기간은 정해져 있지 않지만, 보통 음식을 완전히 끊은 날부터 단식 날짜를 계산한다. 『라뜨나까란다슈라바까짜라』에는 음식을 끊는 과정을 다음과 같이 설명한다.

> 점차 딱딱한 음식을 멈추고, 진한 음료를 늘려야 한다. 다음으로는 순차적으로 진한 음료도 멈추고, 신맛 나는 음료를 늘린다. 자신의 상태에 맞춰 신맛 나는 음료도 멈추고 완전한 단식 upavāsa을 행하며, 5가지 귀의 만뜨라를 마음에 지니는 자는 모든 노력을 다하여 신체조차도 버린다.
>
> (『라뜨나까란다슈라바까짜라』5.6-7)

단식의 방법은 간단하다. 고체의 딱딱한 음식, 걸쭉한 음료, 신맛 나는 가벼운 음료 순서대로 음식을 줄여 나가다가 마지막으로 모든 음료의 섭취도 중단하는 것이다.

일반적으로 자이나교에서는 음식을 4가지로 구분한다. 첫째, 삼키는 음식으로 곡물과 콩류이다. 둘째, 마시는 음료는 물, 우유류, 음료, 과즙, 곡물 끓인 물이다. 셋째, 씹는 음식은 과일, 땅콩류, 당류, 과자이다. 넷째, 향신료는 맛 내는 것으로 기호품이다.[12] 위 경전에서 언급한 진한 음료는 우유이며, 신맛 나는 음료는 신맛의 향신료를 넣은 물이다. 『라뜨나까란다슈라바까짜라』의 주석서에 따르면 마지막 음료마저 끊기까지 자신의 능력에 따라 적절하게 무리하지 않으며 양을 조금씩 줄여 나가야 한다고 강조하지만, 구체적인 단식의 방법이 설명되지는 않는다.

이제 앞서 소개한 자이나 계율서 『비야바하라수뜨라 복주 vṛtti』 4218-4274의 내용을 통해 최장기간인 장장 12년간 살레카나 단식법을 살펴보자.

우선 첫 4년 동안 다양한 고행과 다양한 기간의 단식을 행한다. 2일, 3일, 4일, 6일 등 다양한 단식 후에 마지막에는 완전 영양식을 하는 방식을 반복한다. 그다음 4년 동안은 다양한 단식을 마치면서 기존에 먹었던 완전 영양식을 포기한다. 물론 단식 이외의 기간에도 영양식을 해서는 안 된다. 다음 2년 동안은 4일 단식을 정기적으로 지속하면서, 마무리할 때는 소금 단식을 하며 평소에도 소금 절임식을 한다. 이렇게 10년이 지난 후, 11년째의 6개월 동안 강도 높은 고행을 하지 않는 대신 소금도 줄이고 소량의 음식만 먹는다. 그러나 강도 높은 고행을 하지 않는다고 해도 일주일에 이틀이나 사흘 정도는 단식을 한다. 나머지 6개월은 다시 일주일에 4일, 5일씩 강도 높게 단식을 행한다. 그리고 마지막 12년째의 단식은 다음과 같다.

> 소금을 끊고 음식은 죽으로 한다. 음식은 순차적으로 줄인다. 등불에 심지와 기름이 함께 있듯이 몸과 수명도 마찬가지이다.
>
> (『비야바하라수뜨라』 4226)

4226송에 대한 말라야기리의 해설에 따르면, 12년째에는 약 8개월간 단식을 반복하고 해제할 때마다 점차 음식을 줄여 나가다가 완전히 음식을 끊어야 한다. 그리고 나머지 4개월 동안은 완전한 금식을 하더라도 입속에 기름을 머금어 침이 나오도록 한다. 침이 나와야 만뜨라 기도를 지속할 수 있기 때문이다. 8개월간 첫 번째 단식을 하다가 해제할 때는 뜨거운 물과 소금 절임을 먹고, 두 번째 단식 후에 해제할 때는 비영양식으로 먹고, 세 번째는 다시 뜨거운 물과 소금 절임을 먹는 방식으로 반복하는데, 비영양식을 먹을 때마다 점차 양을 줄여 나가는 방식으로 음식을 줄여간다.

자이나 고층 성전인 『아짜랑가수뜨라』나 『웃따라디야야나』의 12년 단식은 위와 대략 유사하지만 조금 다르기도 하다. 처음 4년간은 우유나 두부 같은 영양식을 포기하고, 다음 4년은 며칠씩 자주 단식을 하며, 다음 2년간은 격일로 한 끼만 먹는다. 11년째부터 단식을 늘리고 마지막 12년째에는 한번 시작하면 2주나 한 달씩 단식을 하다가 막바지에는 완전한 단식을 행해야 한다고 한다.

명상적인 죽음, 사마디마라나

그러나 단식만이 살레카나의 전부는 아니다. 『비야바하라수뜨라』에 제시된 살레카나의 방법은 단식 방법을 상세히 설명하지만, 4244송에는 살레카나에 헌신하는 자는 명상을 행해야 한다고 말하고 있다. 『비야바하라수뜨라 주석』에는 제자와 스승 간의 흥미로운 대화가 나타난다. 스승이 제자에게 살레카나를 하겠냐고 묻자, 제자가 바로 손가락을 꺾어버리며 자신의 의지를 표현한다. 그러자 스승은 "나는 너의 물리적 살레카나를 물은 게 아니다. 너의 마른 몸을 보면 이미 알 수 있다. 나는 너의 정신적 살레카나 bhāva sallekhanā를 물은 것이다. 나는 너의 마른 몸을 칭찬하지 않는다. 정신적 살레카나가 이뤄지지 않는다면 살레카나는 무의미한 것이다."라고 말하며 살레카나에 해당하는 주제(드바라)를 마친다.

물질적 살레카나 이상의 정신적 살레카나란 무엇일까. 음식을 끊는 것이 물질적 단식의 살레카나였다면, 정신적인 욕망을 끊는 차원의 살레카나를 말하고 있음을 알 수 있다. 앞서 언급한 『라뜨나까란다슈라바까짜라 주석』으로 다시 돌아가서 보자. 여기에서는 신맛의 음료도 끊고 완전한 단식에 이르러 신체조차도 버려야 한다고 한다. 그리고 신체를 버린다는 것이 무엇을 의미하는지 다음과 같이 말한다.

> 신맛 나는 음료를 마시는 것을 그침으로써 [살레카나를 행한다.] 어떻게 하여 그치는가. 힘에 따라, 즉 자신의 힘을 초과하지 않는 방법으로, 조금씩 양을 줄여가는 방법으로 그친다. 다음으로 완전 단식을 하여 신체를 버려야 할 것이다. 어떻게 하여 [신체를] 버릴 것인가. 모든 노력에 의해서이다. 즉, 서약, 자제행, 명상, 집중 등 모든 것에 전념함으로써 버려야 할 것이다. 살레카나를 행하는 것이 무엇에 의해 한정될 경우에 버려야 할 것인가. 5가지의 귀의 만뜨라가 항상 머물러 있는 마음을 가지는 것, 즉 5가지 귀의 만뜨라에 항상 마음을 머무르는 것이 신체를 버리는 것일 것이다. 《『라뜨나까란다슈라바까짜라 주석』5.7》

신체를 버린다는 것은 단지 음식물의 단식만을 의미하지 않는다. 단식과 더불어 모든 노력을 다하여 서약을 지키고, 자이나교의 자제행을 유지하며, 집중과 명상 그리고 기도에 전념하는 것이다. 완전한 단식에 돌입한 수행자는 외적인 음식물을 끊음으로써 신체를 정화하지만, 동시에 기도와 명상을 통해 마음도 정화해야 한다. 단식의 포괄적 범위는 신체를 채우는 음식의 중단뿐 아니라 마음을 채워 왔던 오염된 사유를 정화하는 것도 포함하기 때문이다.

그런데 기도의 대상은 특정하게 강조되기도 한다. 마음을 "5가지 귀의 만뜨라에 항상 머물게 하는 것"이 강조된다. 5귀의 만뜨라pañcana-maskāramantra는 자이나교의 성스러운 칭명기도이다. 그 대상은 교주jina, 아라한arhat, 스승ācārya, 선생upādhyāya, 그리고 세상의 모든 수행자sādhu이다. 승리자를 뜻하는 jina는 마하비라와 같이 자기 자신을 완전히 극복하여 깨달아 완성을 이룬 성취자이다. 이 5부류의 귀의처를 향해 마음을 두고 기도하는 5귀의 만뜨라 명상은 자이나교도들이 일상에서 널리 행하는 기도문이며, 전통적인 다르마 명상에 포함되기도 한다.

『라뜨나까란다슈라바까짜라 주석』 5.2에서는 살레카나를 '삼매상태의 죽음'을 뜻하는 사마디마라나라고 언급한다. 살레카나로 임종할 때 내적으로 명상을 해야 하는데 그때 주된 명상이 바로 이 5귀의 만뜨라이기 때문이다. 5가지 성스러운 대상에 마음을 집중하며 귀의하는 마음 상태를 유지하는 근본적인 이유는 자신의 본성인 순수영혼에 안주하기 위해서이다. 자신의 본성을 깨달아 해탈을 완성했거나 추구하는 선각자들은 나를 견인하는 상징이자 사다리의 역할을 하는 존재이다. 집중 대상과 하나가 되어감으로써, 수행자가 본래 도달해야 하는 자신의 순수한 근원으로 쉽게 다가갈 수 있기 때문이다. 수행자는 자신의 영혼이 이제 신체와 물질적 속박에서 점점 벗어나 그 본성이 발현되고 있음을 믿고, 그것을 실현한 성현들에 귀의하여 기도하면서 명상, 즉 삼매 상태에 몰입해 있는 것이다.

『라뜨나까란다슈라바까짜라』 5.10-13에 따르면, 살레카나를 성취함으로써 본래의 영혼이 순수하고 아름다운 황금처럼 빛나는 상태로 드러나며, 무한한 앎(일체지)과 무한한 에너지, 자유와 기쁨, 만족을 현현하게 된다고 말한다.

13세기 아샤다라Āsādhara가 지은 『사가라다르마므리따Sāgāradharmāmṛta』에서 스승은 임종 상태에 있는 수행자의 귀에 다음과 같이 말해 준다고 한다.

의심과 불신을 버리고, 순수한 종교에 따라 깨달은 교주jina에 대해 확고하게 믿으라. 그리고 5귀의 만뜨라를 읊으며 대서약을 지켜라. 욕망을 극복하고 감관을 다스려라. 그리고 **스스로 네 안에서 자기 자신을 보아라.**[13]

마지막 문장의 원어는 ātmanam ātmanātmani paśya이다. 이 문장을 분석하면 "ātmanani(자기 속에서) ātmanā(자신에 의해서) ātmanam(자기를) paśya(보아라)"는 뜻이다. 영혼을 감싸고 있었던 물질적 요소들이 단식 및 죽음의 과정에서 해체되고 소멸해가면서, 영혼 자체의 본성은 더욱 생생하게 드러난다. 영혼의 본성을 보는 일은 영혼 외의 마음manas의 분별 작용이나 감관의 감각 작용, 신체적 기능을 통해서는 불가능하다. 영혼은 오직 영혼 자신이 지닌 본성인 순수한 앎(일체지)을 통해 빛이 스스로를 밝히고 자신과 주위를 드러내듯이 자신을 밝힌다. 그래서 오직 자신 속에서 스스로 자기 자신을 보라고, 즉 견성見性하라고 하는 것이다. 자신 안에 있는 순수한 영혼에 몰입하며 죽음을 맞이하는 이 상태를 강조하여 공의파에서는 삼매사samādhimaraṇa라고 명명했던 것이다.

그런데 이러한 명상적인 죽음은 자이나교의 종교적 틀 안에서만 유효한 것은 아닌 듯하다. 티벳전통에서 임종자나 망자에게 『티벳 사자의 서』를 읽어 주는 이유는 의식이 흐린 임종자를 바르도에서 헤매지 않고 의식의 본성인 정광명이라는 빛의 세계로 인도하기 위해서이다. 이 정광명은 까르마의 힘에 지배받지 않는, 의식의 순수한 본성의 영역이라고 한다. 정토불교에서 죽은 자를 맑고 깨끗한 정토淨土의 세계로 인도하는 아미타불amitābha의 원 의미는 '무한한 빛'이다. 이 무한한 빛에 귀의하는 것을 잃지 않기 위해 죽음의 순간에도 "나무 아미타불Namaḥ Amitābha"이라고 읊으며 눈을 감기를 기원한다. 무한한 빛에 귀의한다는 것은 결국 밝고 맑은 의식으로 되돌아가고자 하는 것이다.

대승불교에서 다시 초기 불교의 붓다의 가르침으로 돌아가 보면, 굳이 빛으로 은유하는 어떤 세계를 상정하지 않더라도 죽어가는 순간에 깨어 있는 명료한 의식을 유지하라는 가르침이 거듭 강조된다. 『디가니까야』에 나온 다음의 구절들이 인상적이다.

> "아난아, 그와 같이 보살은 도솔천에서 몸이 죽고 난 후, 마음지킴念과 알아차림知을 지니고서 어머니의 자궁에 들어갔다. … 아난아, 그와 같이 보살은 마음지킴念과 알아차림知을 지니고서 어머니의 자궁 밖으로 태어났다. … (『마하니다나숫따』)
> 아난아, 그와 같이 여래는 마음지킴念과 알아차림知을 지니고서 목숨의 형성력命行을 포기한다." (『마하빠리닙반나숫따』)

어머니의 자궁에 입태하고 태어나는 순간, 그리고 죽는 순간을 『티벳 사자의 서』에서는 중간 단계인 바르도bardo라고 부른다. 이러한 순간에도 깨어있는 의식으로 알아차림을 유지할 수 있고, 그래야 한다는 초기 불교의 가르침은 자이나교에도 동일하게 적용될 것이다. 그래서 살레카나의 다른 이름은 명상 속의 죽음을 뜻하는 사마디마라나이며, 이를 직역하면 삼매사三昧死이다.

제 5 장

남은 질문, 과연 자살인가?

제 5 장

남은 질문, 과연 자살인가?

살레카나는 자살인가?

　에밀 뒤르켐은 『자살론』에서 자살을 "당사자가 스스로 죽음이라는 결과가 벌어질 것을 알면서 직접 행한 행동으로 직간접적으로 초래된 죽음"이라 정의한다. 이 정의에 따르면 죽음에 이르는 자발적 단식인 살레카나는 분명 자살에 포함된다. 게다가 에밀 뒤르켐은 자이나교의 살레카나를 '이타적인 자살'의 범주에 해당한다고 간단히 언급했다.[1]

　뒤르켐은 자살을 크게 4가지로 분류했다. 첫째, 이기적 자살은 사회와 고립된 개인이 괴로움을 끝내기 위해 택하는 자살이며, 둘째, 이타적 자살은 자신의 자살을 통해 사회의 이익에 이바지하려는 목적으로 행하는 자살이다. 셋째, 아노미적 자살은 사회 조직과 구조에 압도되어 자신의 정체성을 상실하여 선택하는 자살이며, 넷째, 운명론적 자살은 사회에 억압받은 개인이 택하는 자살이다. 사회학자였던 에밀 뒤르켐은 자살이 개인적 행위이면서도 일종의 사회현상이라는 점에 주목하였기에 사회 속의 한 개인이 사회로부터 고립되거나 과도한 압박을 받아 일어나는 현상임을 강조한 것이다.

　에밀 뒤르켐은 살레카나가 개인의 이기적 욕망이 아닌 종교적 목적에 헌신한다 하여 이타적 자살이라고 규정했지만 과연 그러할까. 우선 이들 다양한 자살들은 모두 사회와의 관계에서 자신의 주체성을 상실한 개인이 택하는 행동이지만, 살레카나는 수행자로서의 정체성을 잘 지켜온 자가 노년기의 죽음에 대해 중립적인 태도로 주체적으로 선택하는 행위라는 점에서 일반적 자살과는 그 양상이 다르다. 살레카나의 목적은 죽음의 순간까지 자신의 수행을 완성하기 위한 것이지, 타자나 종교 공동체의 이익을 위한 것이 아니다.

　한편, 인도의 인권 운동가인 니킬 소니는 2006년에 이 살레카나가 일종의 종교적 자살이자 자살방조 및 교사죄에 해당한다고 고발했다. 살레카나가 노년의 비구니 스님이나 과부인 여성 재가자에게 암묵적으로 요구되기 때문에 일종의 자살교사죄에 해당한다고 주장한 것이다. 인도에는 전통적으로 과부로 하여금 남편을 따라 죽도록 강요하는 구습인 사띠sati가 있었다. 현대에 이르러 여성 인권을 보호하는 목소리가 높아지면서 이 구습을 철폐하려는 노력이 있지만 아직도 흔적이 남은 악습이다. 니킬 소니는 살레카나에서 사띠의 영향을 지적하면서 살레카나를 자이나교의 비구니 스님이나 늙은 과부에게 가해지는 종교적 명분을 뒤집어쓴 사띠의 일종이라고 본 것이다. 전통적인 인도 사회에서 늙은 여성이나 과부는 가족과 친지에게 짐이 될 때 가족의 이익을 위해 목숨을 끊는 것이 이타적인 행위라고 강요받았다. 그러나 이것은 에밀 뒤르켐이 말하는 이타주의적 자살에 해당한다기보다, 이타주의를 가장한 타살이자 인도인들의 운명주의적 사고관에 의한 자살에 해당할 것이다. 남편을 따라 죽어야 한다는 운명에 순응하는 자살이기 때문이다.

니킬 소니는 살레카나가 사띠와 같은 종류의 자살이며 이 죽음을 돕는 자들은 자살교사 및 방조죄에 해당한다고 주장하며 기소했는데, 이는 자이나교도들에게 큰 반발을 일으켰다. 자이나교도에게 살레카나는 단순한 자살 수행법이 아니다. 자이나교도들에게 살레카나를 행할 수 없다는 것은 자신의 생명이 오직 신의 주관하에 있다고 믿는 그리스도교 신자에게 자살을 해야 한다고 말하는 것과도 같은 종교적 신념의 침해로 여겨졌다.

니킬 소니가 2006년도에 자이나교의 살레카나를 자살 및 자살교사죄로 기소한 후 10년 만인 2015년 8월 10일에 라자스탄 고등법원이 판결을 내렸다. 인도 전체 28개 주에서 서북부에 위치한 라자스탄주는 자이나교도가 많이 밀집한 지역이다. 이 주의 자이나교도들이 기원전 2500년 전부터 행해온 살레카나를 비합법적인 행위라고 판결한 것이다. 그날 즉시, 인도의 언론 매체들은 이 판결에 대한 기사를 쏟아냈다. 고등법원의 판결에 따르면 살레카나는 형사법 309조의 자살과 306조의 자살방조에 해당하는 위법 사항으로 규정되었다. 이 판결문에는 살레카나가 어떠한 종교적 의식이며, 자이나교의 핵심적인 종교적 가치를 담고 있는지에 관한 고려는 전혀 나타나지 않았다. 오히려 라자스탄 고등법원은 "살레카나가 자이나교의 필수적인 관습이라는 주장은 성립되지 않는다."는 일방적인 입장을 발표했다. 이 판결은 인도 내에서 사회적으로 평온하게 종교활동을 해온 자이나교도들을 자극해서 그들은 이례적인 방법으로 항의 시위를 벌였다.

8월 23일 아침, 5세부터 80세에 이르는 전 연령의 자이나교도들이 자이나 사원 앞에 모였고, 25인의 이발사들이 시위대의 머리카락을 잘랐다. 그리고 다음날인 24일에는 자이푸르와 뭄바이에서 침묵시위를 벌이며 거리로 나섰다. 그리고 해외의 자이나교도들도 이메일과 탄원서를 보내며 살레카나 금지에 대해 항의했다.

    고등법원의 판결 후 인도의 가장 유명한 로펌 중 하나인 와디아 간디 앤 코Wadia Ghandy & Co.의 변호사들은 며칠에 걸쳐 신속하게 특별청원서를 작성했다. 청원서에는 라자스탄 고등법원의 판결이 자이나교의 살레카나에 내재된 자이나 사상과 수행에 대한 왜곡된 관점을 포함하고 있으며, 실제로 살레카나는 자이나교의 핵심 이념인 불살생(아힘사)을 지키며 해탈이라는 궁극적 자유를 위해 행하는 필수적인 수행법임을 역설했다. 또한 인도 헌법 25조에 의거하면 공공질서와 도덕 및 보건을 훼손하지 않는 한 종교의 본질적이고 필수적인 부분을 국가가 제한할 수 없다고 명시되어 있는데, 살레카나가 공공질서와 도덕 및 보건을 위배한다는 어떤 증거도 없음을 밝혔다. 결과적으로 자이나교에서 필수적인 종교 관행으로 인정하는 살레카나를 범죄화하는 것은 헌법 21, 25, 26조에 나타난 종교의 자유에 대한 권리를 침해하는 것이며, 국가가 세속주의 원칙에 따라 모든 종교를 동등하게 대우해야 하는 원칙을 어기는 것이라고 밝혔다.

    와디아 간디 앤 코의 변호사들은 2015년 8월 31일 인도 대법원에 특별청원서를 제출했다. 그런데 인도법에서 특별청원은 곧바로 하위 법원의 판결을 뒤집어 사건을 종결하는 것이 아니라, 하위 법원의 판결을 일시적으로 뒤집거나 유예할 수 있을 만큼의 설득력 있는 논지를 제시하고, 이를 통해 법원의 공식재판에 올라가 이 법적 사안을 최종적으로 검토하여 판결하는 자리를 확보하는 것이다. 보통 80% 정도의 특별청원이 기각된다고 하지만, 이 사안의 경우는 채 1분도 지나지 않아 심리가 종결되었다. 대법원에서 살레카나의 합헌성 문제를 심리할 가치가 있다고 판단하여 라자스탄의 판결을 뒤집는 명령을 통과시킨 것이다. 그러나 니킬 소니가 당시 대법원 특별청원에 출석하지 않고 모든 공식적인 활동을 중단했으며 아직까지 이에 대한 재판이 없는 것으로 보아 이 사건이 어떻게 진행될지는 더 지켜봐야 할 것이다. 살레카나의 관습은 현재 종교적 자유라는 기본권으로 인정받고 있고 아직 위법으로 확정된 것은 아니기에 기존의 관습대로 실행되고 있다.

그러나 그렇다고 자살 및 교사죄의 측면이 없다고 확정된 것은 아니다. 여전히 인도 당국이 자살을 형사 범죄 또는 정신 질환의 징후로 취급하기 때문에 살레카나가 자살의 한 형태인지 여부는 중요한 문제이다. 라자스탄 고등법원은 이미 살레카나를 '자살에 해당하는 자기파괴 행위'로서 인도 헌법 제21조에 명시된 생명권을 침해하는 행위라고 판단했다. 자살 시도는 인도 형법IPC 309조에 따라 범죄로 규정되므로, 살레카나가 자살로 규정되면 불법이 된다. 또한 자살방조에 관한 형사법 306조에 따라 살레카나의 조력자들도 처벌 대상이 될 수 있다.

그런데 1860년도부터 영국법을 적용해온 인도법 중에서 인도 형법은 조금씩 개정되어 왔다. 식민법의 잔재인 동성애 범죄화 조항을 2018년에 기각한 이래, 2023년도에는 식민법을 개혁하는 법체계를 수립하고자 시도했다. 결국 2023년도 형법에서는 자살 시도자를 처벌하는 형법 309조가 삭제되어 2024년 7월 1일부터는 사실상 살레카나 시도자에 대한 자살죄 처벌은 사라진 것이다. 그러나 309조 자살죄 항목만 삭제되었고, 형법 306조 자살 방조죄 항목은 그대로여서 살레카나를 자살로 규정하느냐의 여부는 여전히 중요한 문제로 남아 있다. 인도에서 현재 살레카나는 종교적 자유의 일부로 그 관행은 어느 정도 허용받고 있지만, 이를 도운 사람들이 법적 문제에 직면할 가능성도 부정할 수는 없다.

당시 살레카나 사건을 결정할 때 라자스탄 고등법원은 자살을 고의적으로 자신의 삶을 끝내려는 의도라는 측면에서 이해했다. 법원 보고서에는 다음과 같이 설명되고 있다.

> 자살은 의도적으로 자신을 죽이는 것을 의미한다. 재량권을 가진 사람의 모든 자기 파괴 행위는 당사자가 자신이 하려는 행위의 예상되는 결과를 알고 의도적으로 행하는 경우 자살이라는 단어로 설명할 수 있다. 자살은 결코 추정되어서는 안 된다. 고의성은 인도 형법 309조에 따른 필수 법적 요소이다.

이에 대해 자이나교는 두 가지에 관해 반대한다. 살레카나는 생명을 파기하기 위한 의도로 행해진 것이 아니라는 것이다. 살레카나의 목적은 영혼의 더 나은 재생과 해탈을 추구하는 것이다. 실제로 살레카나 서원자는 삶과 죽음 모두에 집착하지 않아야 한다는 서약을 지킨다. 마니샤 세티Manisha Sethi는 라자스탄 고등법원이 자살과 살레카나의 의도를 구분하지 못했다는 점을 지적한다.

이 판결은 여러 가지 측면에서 비판을 받았다. 첫 번째 주장은 세속법의 언어 자체가 죽음이라는 개념에 내재된 다의적 의미를 포착하기에는 너무 건조하다는 것이다. 산타래[즉, 살레카나]는 '의도의 질'에 따라 자살과 구별되는 반면, 법과 법원은 다양한 형태의 죽음에서 서로 다른 의도를 이해할 수 있는 능력이 부족했다. 이러한 다양한 의도를 파악할 수 없는, 즉 '비음악성'으로 인해 법원은 살레카나를 자살, 사띠 또는 다른 종류의 자해로 취급하고 모든 경우에 309조를 발동해야 했다. 때때로 이것은 영어 자체의 한계와 살레카나에 함축된 개념을 영어로 번역하는 데 있어 극복할 수 없는 문제로도 보인다. 번역의 과정은 의미의 손실을

초래할 수밖에 없다.²

라자스탄 고등법원의 판례는 2015년 8월 10일에 결정되었는데, 이후 2017년에 인도의회가 자살을 형사 범죄에서 정신건강 장애로 재정의하는 정신건강관리법을 통과시켰다. 그래서 공공기관에 '자살 및 자살 시도를 줄이기 위한 공중보건 프로그램을 계획, 설계 및 시행'하도록 요구했다.³ 2018년 5월 29일에 발효된 이 법의 115.1항과 115.2항은 다음과 같다.

> 115.1항: 인도 형법 309조에 포함된 내용에도 불구하고 자살을 시도한 사람은 달리 입증되지 않는 한 심각한 스트레스가 있는 것으로 추정되며, 해당 규정에 따라 재판 및 처벌을 받을 수 없다.
> 115.2항: 해당 정부는 심각한 스트레스를 받고 자살을 시도한 사람에게 자살 시도의 재발 위험을 줄이기 위해 치료 및 재활을 제공해야 할 의무가 있다.⁴

그러나 자이나교도들은 이 정신건강관리법에 따라 살레카나에 대한 권리를 보호받는 것에 동의하지 않는다. 왜냐하면 이에 동의함으로써, 살레카나가 자살과 같다는 등식을 인정하게 되기 때문이다. 살레카나를 정신 질환의 징후로 이해하는 것은 살레카나의 신성성을 해치는 것이다.

자이나교는 전통적으로 살레카나를 자살과 분명하게 구별해 왔다. 쉬리 비말 찬다가Shri Vimal Chandaga는 니킬 소니의 공익 소송에 대해 살레카나는 '자기정화의 수련'이라고 답하며, 자살을 다음과 같이 정의했다.

자살의 주요한 심리적, 신체적 특징 8가지는 (1) 피해자가 정서적 스트레스를 받고 있음 (2) 자살을 시도할 당시 수치심, 공포, 혐오감 또는 증오심에 압도되어 있음 (3) 자살의 주된 의도가 특정 행위나 사건의 결과(수치, 고통, 처벌, 사회적 낙인 또는 폭압적 대우 등)로부터 벗어나기 위한 것임 (4) 종교적 또는 정신적 고려와는 거리가 멂 (5) 사망에 이르게 하려고 사용된 수단이 흉기 또는 살해 무기 등임 (6) 피해자가 조기에 구조되지 않는 한 대부분의 경우 급작스럽게 사망함 (7) 비밀리에 행해짐 (8) 친족에게 불행과 고통을 초래함 등이다.

그러나 찬다가는 살레카나가 이상의 8가지 점에서 자살과 다르다고 지적하는데, 이는 전통적으로 자이나 고전 문헌들에 설명되어 왔다.

니킬 소니와 같은 비종교적인 인권변호사의 눈에는 죽음에 이르는 이 단식 수행법이 자살 및 자살 방조에 해당하는 비인간적인 구습으로 보일 수도 있을 것이다. 그러나 살레카나를 자살, 즉 'suicide'로만 단면적으로 규정하는 것은 현대 세속법의 시각이다. 자이나 학자인 T.K. 투콜은 『살레카나는 자살이 아니다 Sallekhana is not a suicide』라는 저서에서 살레카나가 자살로 간주된 배경으로 영국 식민지하에서 영어로 쓰여진 인도법이 살레카나를 'suicide'로 표기한 데서 시작되었다고 지적한다.[5] 그리스도교 전통의 서양에서 생명은 오직 신의 권능에 속한 것이기에 인간에게는 자신의 생명을 포기할 권리가 없다는 인식이 깔려 있다. 따라서 긴 역사와 전통에도 불구하고 살레카나는 비종교인들에게 'suicide'이라는 이름으로 명명된 것이다.

죽음을 예상하면서도 스스로 행한 행동으로 자신을 죽인 것이 자살이라 한 에밀 뒤르켐의 정의에 따른다면 살레카나는 자살이 맞다. 그러나 살레카나는 그 외양만 자살일 뿐이다. 자이나교에서는 전통적으로 살레카나가 자살과는 구별되어야 한다고 다음과 같이 강조해 왔다.

7~8세기에 지어진 『사르바르따싯디 Sarvārthasiddhi』는 자이나교 교의를 집성한 『땃뜨바르타수뜨라 Tattvārthasūtra』의 가장 중요한 주석서인 『사르바르따싯디』는 다음과 같이 말한다.

> 어떤 사람이 '살레카나를 행한 자는 자신을 죽이는 것이다. 자신을 죽여서 수명 등을 축소하기 때문이다'라고 생각할 수도 있다. 그러나 그러한 그릇됨은 성립하지 않는다. '살생이란 잘못된 행동에 의해 생명을 파괴하는 것'이기 때문이다. 살레카나를 행하는 자에게 잘못된 행동은 없다. 왜냐하면 욕망 등이 없기 때문이다. 원래 욕망, 혐오, 미혹 등을 가진 자들은 독이나 칼 등을 사용해 자신의 생명을 해치지만, 살레카나를 행하는 자에게는 욕망 등이 없다. 그러므로 자신을 죽이는 그릇됨이 없다.
>
> (『사르바르따싯디』 705)

즉 살레카나에는 충동적으로 생명을 파괴하는 살생殺生이 부재하므로 자살이 아니라는 것이다. 오히려 이 죽음은 욕망과 혐오, 어리석음이 없고 일반적인 자살이 저지르는 독이나 흉기의 사용이 없는 성스러운 죽음이라고 말한다. 자이나교에서는 본래 수명을 결정하는 까르마 āyukarma가 자연스럽게 소진될 때까지 기다리지 않고 폭력적인 방식으로 단축시키는 것은 그릇된 죽음이라고 비판해 왔다.

또한 자살과 살레카나를 다음과 같이 구분하기도 한다.

> 살레카나 서약을 유지할 능력이 없기 때문에 자신의 신체를 조절할 능력이 없는 자는 자살을 범하지 말아야 한다. 분노 같은 감정에 시달리며

독이나 다른 도구를 사용하여 삶을 마감하는 사람은 자살의 죄를 짓는 것이다. 　　　　　　　　　　　　　　　　　　　(『사가라다르마므리따』 8.8)

자이나교에서 살레카나를 기본 필수 서약이 아닌, 선택적 서약으로 제시한 것은 준비가 되지 않은 자에게 살레카나를 권하면 그것이 정신적 살생이 되므로 완전한 개인적 선택으로 남겨둔 것이다. 자이나교에서 아힘사라는 지침은 신체적, 언어적, 그리고 정신적인 모든 차원에서 가장 중요하게 지켜져야 하는 지침이기 때문에 살레카나에도 똑같이 적용되는 것이다. 자살은 자기 자신에 대해 살생이라는 가장 큰 폭력을 행사하는 것이므로 자이나교 전통에서도 기본적으로 비판받고 금지되었다.

살레카나는 아힘사에 포함되는가?

자이나교는 아힘사 ahimsa의 종교로 널리 알려져 있다. 아힘사는 산스끄리뜨어로 불살생, 비상해非傷害 혹은 비폭력을 의미한다. 아힘사란 살아 있는 모든 생명체 그리고 생명과 관련된 것을 해치거나 파괴하지 않는 것이다. 소극적으로 해치지 않을 뿐 아니라 적극적으로 생명을 보호하고 사랑하는 자비의 행위까지도 아힘사에 해당한다. 자이나교에서는 이 아힘사를 실천하기 위해 더 많은 고통을 느끼는 동물을 먹지 않고, 식물도 최소한으로 섭취하는 채식주의를 온전하게 실천해 왔다. 채식주의 운동뿐 아니라 생명을 보호하는 다양한 동물보호 운동과 환경보호 운동을 적극적으로 펼쳐 왔다. 인도 독립을 이끈 민족의 지도자 간디는 자이나교에서도 큰 영향을 받아 비폭력 저항운동으로서 아힘사의 원칙을 사회, 정치적으로 실천하였다.

자이나교는 한편으로 고행을 마다하지 않는 엄격한 수행주의 종교로도 알려져 있는데, 자이나교의 엄격한 수행론의 근간에도 아힘사가 자리 잡고 있다. 자이나교의 출가자들이 엄격하게 준수하는 5가지 대서약 mahāvrata 가운데 첫 번째 서약이 바로 아힘사, 즉 불살생 서약ahiṃsavrata이다. 불살생을 생활의 모든 측면에서 가능한 모든 방식으로 지켜야 한다. 신체적 활동뿐 아니라 언어활동, 그리고 정신적인 영역에서도 불살생은 완전히 준수되어야 한다. 행동과 언어로 표출하지 않더라도 마음속으로 다른 생명체를 해치는 것조차도 옳지 않다고 보았다.

이러한 자이나교에서 자기 자신을 죽이는 행위인 자살自殺은 명백하게 자기를 대상으로 하는 살생이자 폭력이므로 절대적 죄업으로 비판받는다. 앞서 말했듯이 자이나교에서는 다양한 자살을 관찰하여 열거하고, 그러한 자기 살해는 자이나교에서 용인될 수 없다고 거듭 비판해 왔다.

살레카나와 자이나교의 아힘사 원칙은 일견 모순되어 보이기도 할 것이다. 자이나교에서 생명을 그토록 소중하게 대하고 보호하면서도, 자신의 생명을 어느 시점에 단호하게 포기하고 스스로 죽어가는 행위를 예찬하는 것은 앞뒤가 맞지 않는 것처럼 보일 것이다. 자이나교에서 불살생 서약은 제1대 서약으로 마치 헌법 1조 1항과도 같은 것이다. 다른 모든 서약과 하위 서약에서도 불살생의 원칙은 지켜져야 한다. 그렇다면 일종의 자기 살해 행위처럼 보이는 살레카나는 불살생 서약과 어떻게 공존할 수 있을까.

앞서 말했듯이 살레카나 서약은 출가자와 재가자의 서약 체계에서 선택적 보조 서약으로 위치한다. 만일 이 살레카나가 필수서약으로 위치한다면, 모든 출가자와 재가자가 살레카나를 행해야 하지만, 선택 서약이므로 능력이 있고 준비된 수행자만이 자발적으로 택할 수 있다.

만일 스승이 제자가 살레카나를 행할 능력이나 준비가 되지 않았는데 이를 권하거나 요구한다면 그 자체로 아힘사를 정신적으로나 언어적으로 위배한 것이 된다고 한다. 아직 더 생존하고자 하는 욕구가 남아 있을 때 승단과 스승의 규약이 살레카나를 요구한다면 그것은 당사자에게 폭력이 될 수 있다는 것이다. 그래서 이 서약은 자이나교 내에서 전통적으로 신성시되고 예찬될지언정 필수적으로 요구되지는 않는다. 철저하게 개인의 선택에 맡기는 것이다. 남성 중심의 가부장 사회에서 사별한 과부에게 자살을 강요하는 사회적 타살, 사띠와는 질적으로 다른 죽음이다.

그리고 자이나교에서 전통적으로 살레카나는 원한다고 해서 무조건 할 수 있는 수행법도 아니다. 스승에게 살레카나 실행 의지를 전하면 스승은 제자가 이를 행할 만한지 고려하여 허가해야 가능한 것이다. 아직 다르마dharma를 실현하고 수행할 힘이 있는데, 너무 빨리 살레카나를 행하길 원하는 제자에게 스승은 허락하지 않는다.

자이나교에서 다르마란 영혼의 진화 및 해탈을 위한 삶과 수행이다. 이 수행의 방법이자 그 본질에는 아힘사 원칙이 자리 잡고 있다. 자이나교의 아힘사를 잘 표현하는 표어가 있다. "To live and let live!"이다. 생명生命의 본질은 살기生를 명령命받은 것이다. 생명은 살고 피어나고 거듭나야 하는 숙명의 존재이다. 그러나 자신이 살고자 타자의 영역을 침해하고 밟고 자리 잡아야 하는 숙명도 공존한다. 붓다가 어린 싯달타 태자였을 때 농부의 쟁기질에 걸린 벌레를 날아가는 새가 낚아채어 먹는 장면을 보며 약육강식의 먹이그물 속에 있는 생명의 실상에 눈을 떴다고 한다. 존재의 실상에 대한 이러한 인식은 같은 슈라마나 종교인 자이나교에서도 철저하게 공유하는 것이다. 자이나교는 삶이 본질적으로 폭력적인 행위를 통해 유지되는 것임을 직시하고 인정한다. 그러나 생명체가 지닌 본질적 한계를 직면할 뿐이지 이에 순응하지는 않는다. 순응하지 않기 때문에 to live뿐 아니라 let live, 즉 '타 생명체도 살도록 하자.'는 것이다. 생명체가 자신의 생존을 위해 저지르는 불가피한 살생을 온 힘을 다하여 줄이는 그들의 삶과 실천이 이를 보여준다.

    자이나교의 불살생 원칙이 그토록 중요한 원인은 또 다른 점에서도 주목해야 한다. 그들의 철저한 자력적 수행주의가 불교와 다소 다른 점이 있다면, 고행의 중시와 물질적 까르마 이론이다. 불교는 까르마(업보)를 발생시키는 행위의 동기, 곧 심리적 동기를 중요시한다. 한편 자이나교는 동기뿐 아니라 결과도 온전히 행위 주체에게 그 책임이 부과된다. 결과는 물질적인 에너지로서 영혼에 들러붙어 업장(까르마의 장막)을 형성하여 부정적 영향을 끼치므로 이 업장을 정화시켜야만 한다. 그런데 자신이나 타 생명체를 해치는 행위에서 가장 강력한 물질적 까르마가 발생하고, 자신의 영혼에 부정적 에너지인 업장이 형성된다. 간단히 말해, 생명을 해치는 폭력과 살생이 가장 강력한 죄업이 되어 자신의 영혼이 속박받는다는 것이다. 어쩌면 타 생명체가 살아가고 발전할 가능성을 앗아버리는 폭력과 살생의 무게는 타 생명체의 것까지 나에게 더해지는 것이 아닐까. 그러므로 불살생 원칙이 그토록 중요한 것이다. 이에 대해 혹자들은 철저하게 자신의 까르마를 정화하기 위해 불살생을 실천하는 것이므로 그 동기가 이기적이고 기계적인 가치관에 입각한 것이라고도 말한다. 그러나 let live의 원칙이 자신을 위한 동기에서 비롯되었다고 비판하는 것이 오히려 기계적이고 형식적인 비판에 지나지 않는다.

    자이나교의 존재론이 불교적 생태론에 나타나듯이 자타동일自他同一주의까지는 아니므로, 남을 살리는 것이 바로 나를 살리는 것이라고 말할 수는 없다. 자이나교는 각 개체적 영혼들과 물질들은 서로 개별적인 주체로서 공존한다고 본다. 다만 이러한 개체들이 서로에게 무궁무진한 영향을 주고받으며 공생하고 있는 것이다. 그리고 이때 내가 더 잘 살기 위해 타자를 해치는 것은 결코 허용되지 않는다. 그렇기 때문에 자이나교에서 채식주의와 생명보호 실천에 그토록 적극적인 것이다. 이렇게 생명을 중시하는 자이나교에서 살레카나라는 행위를 신성시한다는 것은 이제 살레카나를 자살이 아닌 다른 맥락에서 조명해야 함을 의미한다.

앞서 말했듯이, 자이나교는 생명체의 삶에 내재된 근본적인 폭력성을 직시하고 있다. 모든 생명체는 살기 위해서 다른 생명체를 먹어야만 하기 때문이다. 인간이 인간을 먹지는 않더라도 동물들을 살해하고, 심지어 더 맛있게 먹고자 하는 행위는 이미 삶이 살생과 폭력을 기반으로 하고 있음을 의미한다. 자이나교는 이를 최소화하기 위해 감각이 덜 발달한 채소의 일부만을 섭취한다. 이렇게 타 생명체와 최대한 공존하고자 노력하는 자이나교의 지향점은 결국 영혼의 개화開花이다. 이를 위해 모든 생명체의 생존을 위한 필요악을 최소화하면서 수행하는 삶이 바로 자이나교의 다르마이다. 영혼의 삶은 어차피 죽을 수밖에 없는 육신의 연명에 있지 않다. 살더라도 깨어있는 정신으로 자신과 타자를 위해 다르마를 마지막 한 톨이나마 실천하는 삶을 사는 것이 중요하다.

아힘사란 바로 이 다르마를 최선으로 지키고 행하는 것이다. 자이나교에서는 단지 육신이 살기 위해서 노년에 불치의 병으로 인한 극도의 고통을 억지로 참으며 살아가는 것, 무엇보다 온전한 정신과 수행을 유지하지 못하는데 생존을 연명하는 삶은 결코 다르마에 걸맞지 않는다고 보았다. 스스로를 책임지고, 스스로 정신적으로나마 최소한의 수행을 할 수 있을 때까지의 삶이 영혼의 본령에 걸맞는 존엄한 삶이라고 본 것이다. 그래서 살레카나는 아힘사의 온전한 실천이라고 할 수 있다.

붓다는 왜 자살을 허용했는가?

불교는 역사적으로 자이나교의 살레카나와 같은 자발적 단식사를 수행지침으로 규정하고 시도하지는 않았다. 하지만 헛된 삶보다는 다르마가 있는 단 하루의 삶이 더 귀중하다는 사고방식은 초기 불교에서도 중시되었다. 『담마빠다(법구경)』 곳곳에 게으르고 사악하며 해탈을 추구하지 않는 자의 100년의 삶보다 정진하며 바르게 깨어있는 자의 하루의 삶이 더 낫다고 말한다.

불살생의 가치는 자이나교에서 가장 온전하게 강조되고 실천되기는 했지만 고대 인도의 슈라마나 종교에서 공통적으로 중시된 가치이기도 했다. 불교 역시 5계율 중에서 불살생이 첫 번째 계율인 만큼 타자와 자신의 생명을 해치는 일은 금지되었다. 그런데 초기불전의 빨리 문헌들에는 자살을 행한 비구나 재가자들의 사례와 함께 자살을 금지하거나 허용하는 예외적인 계율의 사례들이 나타나서 주목할 필요가 있다.

불교의 계율문헌인 『율장 Vinayapiṭaka』에는 출가자가 행하면 쫓겨나는 승단추방죄와 그 사례가 자세하게 설명된다. 승단추방죄 제3조가 살인죄이다. 이 살인죄에는 타자에 대한 살인 및 살인교사, 그리고 자살, 교살, 청부살인, 왕래 청부살인 등이 해당된다. 규정에 따르면 "자살이란 몸이나 몸에 부착된 것, 혹은 던져질 수 있는 것으로 자신을 죽이는 것"으로 나타난다.

『율장』의 「비구비방가」와 「비구니방가」의 승단추방죄법 제3조에는 인체의 살해와 관련해서 다음과 같은 조항이 있다.

> [세존] 어떠한 수행자와 수행녀든지 의도적으로 인간의 몸에서 목숨을 빼앗거나, 목숨을 빼앗는 무기를 구해 주거나, 죽음을 찬탄하거나, 죽음을 권유하면서, '이보시오, 그대에게 이러한 악한 고통스러운 삶이 무슨 의미가 있는가, 그대는 살기보다 죽는 것이 낫다'라고 일부러 의도적으로 여러 가지 방편으로 죽음에 이르도록 찬탄하거나 죽음에 이르도록 권유하면, 그도 또한 승단추방죄를 범하는 것이므로 함께 살 수 없다.[6]

초기 불교의 계율 조항들은 붓다 재세 시에 제자들과 승원 생활을 하면서 상황에 따라 형성된 것들이다. 이러한 살해죄가 성립된 배경에는 두 가지 큰 사건이 있었다.

붓다가 보름간 홀로 명상 수행에 들어 있는 동안 제자들에게 충격적인 사건이 일어났다. 제자들은 평소 붓다가 가르친 명상법 중에서 부정관不淨觀과 백골관白骨觀을 행하고 있었다. 부정관과 백골관은 붓다가 인간이 지닌 근본적인 탐욕의 성향을 대치大治하고 무상의 진실을 직시하도록 가르친 방편적인 명상법이다. 특히 우리가 소중하게 여기고 애착하는 이 육신이 얼마나 무상하게 쇠퇴해 가고 더러운 것인지, 그리하여 결국 한낱 뼈 무더기로 남는 것인지를 생생한 명상을 통해 관찰하고 직시하는 명상법이다. 그런데 제자들은 붓다가 중요하게 가르친 이 명상을 행하면서 깊이 몰입한 나머지 자신의 신체를 혐오하게 되어 버리고자 했다. 그리고 승단에 들어와서 생활하던 사이비 수행자인 미갈란디까Migalandika에게 자신들의 자살을 도와달라고 부탁했다. 제자들은 목숨을 끊어 주는 대가로 발우와 옷들을 주기도 했다.

여러 수행자들을 죽인 미갈란디까는 피 묻은 칼을 들고 강변에 가서 자신의 행동이 악덕이라며 후회하고 괴로워했다. 이때 한 악마가 나타나 해탈하지 못한 자들을 오히려 죽여줘서 많은 공덕을 쌓았다고 회유한다. 미갈란디까는 이에 용기를 얻고 다시 승원에 가서 해탈하지 못한 수행자들을 죽여 주겠다고 설득하고 다녔고, 이에 또다시 많은 수행자들이 죽었다고 한다. 강변에 나타난 악마의 이야기는 미갈란디까가 느끼는 죄책감을 스스로 해결하기 위한 내적인 자기기만을 상징화한 것일 것이다. 보름간의 명상에서 돌아온 붓다는 이 사태를 알고 제자들을 모아 부정관 명상을 중단시켰다. 대신 호흡을 관찰하며 깨어있는 명상을 자세하게 가르치고는 인체 살해의 행위가 승단추방죄라고 선언하였다. 미갈란디까는 직접적으로 살인을 한 건 아니지만 자살을 부추기고 그것을 도왔기 때문에 자살교사죄라는 중죄를 지은 것이다. 붓다의 승원은 계율에 따라 생활하는 곳이었기에 승단추방죄로 대응한 것이다.

또 다른 사례는 한 재가자에게 6인의 수행자들이 당신처럼 선하게 복덕을 쌓으며 살아온 자가 이렇게 고통스러운 현실을 억지로 살아갈 이유가 있겠느냐, 차라리 육신을 벗고 죽으면 천상에 태어나 더 큰 행복과 복락을 즐길 것이라고 설득했다고 한다. 이 재가자는 자신이 그간의 복덕으로 천상에 태어날 수 있으니, 마치 평생 모은 돈을 주식에 투자하여 더 큰 이익을 얻으려는 듯이 죽음을 선택했다. 그가 택한 방법은 상한 음식을 먹어 중병으로 죽는 것이었다. 뒤늦게 이를 안 아내는 붓다에게 가서 항의하였다. 당신의 신성하다는 제자들은 계행을 지키지 않고 부끄러움을 모른다고, 그들이 거짓을 말했다고. 역시 붓다는 제자들을 여러 가지 방편으로 꾸짖고 일깨우며 경책했다. 그리고 이러한 사례도 역시 승단추방죄라고 설했다.[7]

그러나 특수하게도 붓다가 자살 및 자살방조 행위에 대해 승단추방죄로 선언하지 않은 사례들, 심지어 용인한 사례들도 많다. 『상윳따니까야』에는 바깔리 꿀라뿌뜨라Vakkali Kulaputra의 사례가 나타난다. 나이가 아주 많았던 바깔리 비구는 불치병까지 걸려 고통에 시달렸다. 바깔리는 존경하는 스승에게 움직이기 힘든 자신의 처소에 와달라고 요청했다. 붓다는 바깔리를 만나 위로한 뒤 떠났는데, 바깔리는 죽어서 승원에 남아 귀신이 되는 것을 원치 않는다면서 죽음의 바위인 '칼라실라'로 옮겨 달라고 부탁했다. 붓다는 명상 속에서 바깔리가 자살하더라도 결국 해탈하며 죽을 것임을 알았다. 그래서 바깔리에게 다른 제자들을 통해 그의 죽음에는 죄업이 없을 거라고 전해 주었다. 바깔리는 비구들에게 요청하여 바위에 누웠고 자신은 모든 것에 집착이 없다고 말하며 그들을 떠나보냈다. 혼자 남은 바깔리는 칼로 자신의 목숨을 끊었다.

　이 사실을 안 붓다는 제자들과 현장에 가서 훼손된 시신과 그 주변에서 떠도는 검은 형체를 보았다. 검은 형체가 자살한 바깔리의 영혼이라 여긴 제자들이 두려워하자 붓다는 그것은 단지 죄 많은 마라일 뿐 바깔리는 모든 죄를 극복하고 깨달음을 얻어 해탈했다고 일러주었다. 이 충격적인 일화는 붓다가 노환의 제자가 칼로 자살한 것을 용인했을 뿐만 아니라 해탈했다고 인정하기까지 했음을 알려준다. 노환에 불치병까지 걸린 수행자가 자발적으로 죽음을 요청하고 스승이 이를 허락하는 과정은 자이나교의 살레카나와 같다. 그러나 자이나교에서는 결코 무기나 외적인 도구 및 수단을 통해 살레카나를 행해서는 안 된다. 오직 자연스러운 단식과 명상에만 의존해야 한다. 무기를 통해 급작스럽게 목숨을 끊는 것은 그 행위 자체가 충동과 폭력에 기반한 것이므로 결코 다르마에 걸맞는 죽음이 아닌 것이다.

『맛지마니까야』 144에 나타난 또 다른 사례인 찬나Channa 비구의 자살도 참고해야 한다. 비구인 찬나는 노환으로 불치병을 앓고 있었다. 붓다의 상수제자인 샤리뿟따Sāriputta가 그를 방문하자, 찬나는 극심한 두통과 병의 고통을 호소하며 더 이상 견딜 수 없으니 무기로 자살하겠다고 말한다. 샤리뿟따는 자신이 간병하며 최대한 약을 준비하겠다고 말하지만, 찬나는 이를 거부하고 재차 자살을 원했다. 이때 함께 있던 또 다른 제자인 마하쭌다Mahacunda가 찬나에게 세존의 가르침을 되새겨 주었다. 감각적 대상과 의식들에 대해 자신과 연결지어 집착하지 않아야 한다는 무아無我의 이치였다. 또한 의존하여 집착하지 않으면 흔들림이 없고 평안하며 오고감이 없고 생사가 없으니 괴로움이 그친다고도 일러주었다. 이 두 비구는 찬나를 떠났고, 찬나는 곧 자신이 원하는 대로 칼로 자살하였다. 샤리뿟따는 붓다에게 찬나의 사후 운명을 물었다. 붓다는 찬나가 이 육신을 벗고 다른 육신을 취하지 않았기 때문에 그의 자살은 허물이 없다고 말한다. 극심한 병으로 고통받던 제자가 칼로 자살하면서 집착을 버렸기에 허물이 없다고까지 인정했던 것이다.

재가자의 사례도 있다. 불교 여신자인 고디까Godika도 불치병으로 많은 치료를 시도한 끝에 포기하고 자살을 택했는데, 붓다는 그녀가 자살하면서 해탈했다고 말했다. 붓다는 출가자나 재가자가 불치병으로 고통받으며 부정적인 생각에 시달리면서 새로운 까르마를 짓기보다는 스스로 평안한 죽음을 원할 때 그것을 승인했던 것이다.

『테리가타Theragāthā(장로니게)』에 따르면 나하따까 무니Nahataka Muni는 통풍으로 인한 고통으로 수행을 지속하기 어려웠다. 붓다가 어떠한지 묻자 육체적 고통에 연연하지 않고 가능한 한 정진을 지속하겠지만, 절대적으로 불가능해지는 상황이 온다면 세속에 대한 모든 집착을 놓고 자발적으로 평화로운 죽음을 받아들여 자유로워지겠다고 답한다. 한편 『테리가타』에는 오랫동안 수행해온 비구니 싱하Simha가 7년간의 집중수행 후에도 영적인 성취가 없다고 절망하며 스스로 목을 매어 자살한 사례가 나온다. 이들 비구와 비구니가 각자 어떤 심리상태로 자살했는가에 따라 붓다가 그들의 자살을 인정하거나 부정했으리라 짐작된다.

또 하나는 사빠다사Sapadasa 제자의 사례이다. 근절되지 않는 자신의 성욕에 괴로워하던 그는 좌절감에 목숨을 끊기로 결심하고 칼로 정맥을 끊어 죽고자 준비했다. 죽음을 결심한 그의 마음은 오히려 고요해져서 명상의 상태에 들어가 안정을 얻었다. 그는 결과적으로 자살하지는 않았고 아라한의 경지에 이르렀다고 한다. 사빠다사가 자살하지는 않았더라도, 자이나교의 입장에서 볼 때 이미 정신적 살생의 죄를 지은 것이다. 그러나 붓다는 이 또한 결과적으로 살생의 의도가 오히려 해탈의 경지로 이끄는 관건이 된 것으로 인정하였다.

더한 사례도 있다. 사리뿌뜨라의 제자인 우따라Utara는 절도죄로 누명을 쓰고 교수형에 처해졌다. 교수형에 처해지기 전에는 두려움으로 고통받았지만, 정작 교수형에 처해질 때 모든 것을 포기한 그의 마음은 세속에 대한 모든 집착을 놓고 평온해져 피할 수 없는 이 죽음을 의연하게 받아들였다.

자살에 대한 초기불전의 사례들은 이외에도 많이 나타난다. 마하나마Mahanama는 명상에 집중하지 못하여 괴로워하다가 좌절감에 산에서 투신하여 자살했다고 한다. 붓다의 전생담인 『자따까Jātaka』에는 붓다가 되기 이전에 자살을 행한 여러 사례들이 나타난다. 전생의 붓다는 굶주린 호랑이에게 몸을 보시하여 던졌고, 불 속에 뛰어들었다고도 한다. 초기 불교에서부터 붓다는 자살에 대해 매우 관대한 입장을 취하고 있음을 알 수 있다.

　그러나 이러한 자살들은 자이나교의 입장에서 볼 때는 결코 용인될 수 없는 죽음이며, 아힘사의 준령을 깨트린 살생일 뿐이다. 자이나 고층 성전에 열거된 17가지나 48가지의 죽음들에 나타난 다양한 자살에 속하는 것이다. 자이나교에서는 칼이나 무기, 투신 등을 통한 자살의 방식은 그 자체의 행위에 폭력성이 깃들어 있으므로 행해서는 안 된다는 원칙을 어떤 경우에도 포기하지 않는다. 자살의 결과로 해탈을 얻거나, 자살의 순간에 해탈을 얻는다는 이유로 폭력적인 자살이 자신과 타인에게 초래하는 까르마의 부정적 영향력이 면죄되는 것은 아니다.

제6장

남은 과제, 존엄한 죽음

제6장

남은 과제, 존엄한 죽음

존엄사 논란

지금까지 살펴봤듯이 살레카나는 자살과는 구별되는 종교적인 죽음임을 알 수 있다. 자이나교도들에게 살레카나는 전통적으로 수행자들이 자신의 삶을 주체적으로 마감하는 신성하고 존엄한 죽음으로 여겨져 왔다. 그렇다면 이러한 살레카나가 현대인들에게도 존엄한 죽음의 한 형태로 수용될 수 있을까?

자이나교도들이 살레카나를 행하는 이유는 올바른 삶과 수행을 가능하게 하는 다르마라는 그들의 종교적 가치를 죽음에 이르기까지 지키기 위해서이다. 이것은 마치 공자가 아침에 도道를 들으면 저녁에 죽어도 좋다고 말한 그러한 가치이다. 다르마와 도를 간직하고 추구할 수 있다면 인간으로서의 존엄을 지니고 있는 것이다. 그렇다면 무신론자가 대다수인 현대인들에게 다르마와 도란 무엇일까. 내세의 영혼의 평안을 보장하지 않더라도, 적어도 한 생애 동안 인간으로서의 품위와 자존을 지키는 모습일 것이다. 특히 신체적인 노화와 질병으로 허물어지는 생애 말기에는 존엄의 가치가 더욱 요구된다.

극심한 질병으로 고통받는 환자들의 고통을 덜기 위하여 안락사를 선택하기 시작하면서 많은 논란이 이어져 왔다. 의학이 발전하기 이전, 20세기 중반까지도 인간들은 대부분 노환이나 질병으로 집에서 죽음을 맞이했다. 그러나 과학과 의료기술의 비약적인 발전으로 중증 환자의 생명을 연장하게 되었고, 더 많은 사람들이 의료기술에 의존하면서 80%에 달하는 대다수가 병원에서 임종을 맞이하고 있다. 과학과 의료기술의 비약적인 발전에 힘입어 환자의 생명을 구해야 한다는 의사들의 소명의식과 신이 부여한 생명을 결코 포기해서는 안 된다는 그리스도교적 가치관에 따라 인간의 생명을 온 힘을 다해 연명하는 현대사회에 이르렀다.

하지만 최근 십 년간 의학계와 사회적 인식이 변화하고 있다. 과연 무조건 생명을 연장하는 것이 더 나은 삶인지 반문하게 된 것이다. 의료기술의 연명에 의지하여 오히려 비참한 죽음을 맞이하곤 하는 많은 '의료사' 대신에 환자의 고통을 덜어 주는 온전한 '존엄사'가 요구되고 있다. 수많은 말기 임종 환자들을 관찰하며 임종의 과정을 밝혀낸 엘리자베스 퀴블러로스는 전 세계에 호스피스(임종 돌봄)와 존엄한 죽음의 필요성을 환기시켰다.

일반적으로 안락사는 소극적 안락사passive euthanasia, 적극적 안락사active euthanasia, 의사조력사physician assisted dying, 세 가지로 나뉜다. 의사가 약물을 투여하여 환자의 생명을 종식시키는 적극적 안락사는 논란이 많으며 합법화되어 있는 나라도 드물다. 그런가 하면 의사조력사는 의료진이 약물을 준비해 주면, 환자 스스로 투여하는 방식으로 임종 실행의 주체가 환자 자신이라는 점에서 적극적 안락사의 완화된 버전이라고 할 수 있다. 일반적으로 이 두 가지 안락사 이외에, **소극적 안락사**의 경우 생명 연장을 위한 의료 연명을 포기하여 자연사를 가능하게 하는 것이다. 이는 미국과 유럽 대부분의 국가에서 합법이다.

한국에서는 2016년 「호스피스·완화의료 및 임종과정에 있는 환자의 연명의료 결정에 관한 법률」이 제정되면서 2018년부터 연명의료법이 시행되기 시작했다. 이 제도는 환자와 환자 가족의 선택에 따라 무의미한 연명치료의 중단을 허용한 것이다. 이후 2024년 가을을 기준으로 사전연명의향서의 등록자가 250만 명에 이를 정도로 한국 사회는 말기 환자들의 존엄한 임종에 있어서 자발적인 선택권을 중시하기 시작했다. 그러나 이 연명의료법은 2024년 8월 말에 다시 개정안이 발의되는 등 여전히 개선 중이다.

아시아에서 존엄사법을 선진적으로 추진해 온 대만의 경우는 일찍이 2000년에 「안녕완화의료조례」를 시행했으나, 그 대상이 암 말기 환자에 국한되고 실제적인 적용에 미비함이 많은 조례였는데 2019년에 비로소 「환자 자주 권리법」으로 발전되었다. 적용 대상을 확대하고 중단할 연명장치도 세분화하였다. 환자 자주 권리법이 적용 가능한 질병의 종류도 늘어났고, 몇 달이 아닌 수년이 남은 불치병까지도 포함시켰다. 그러나 소극적 안락사는 말 그대로 소극적이며, 소극적인 존엄사이다.

한편 **적극적 안락사**는 환자의 자발적 신청에 따라 조건을 검토하여 승인되면, 의사가 직접 약물을 투여하여 곧바로 죽음에 이르도록 한다. 현재 입법하여 시행하는 국가는 네덜란드, 벨기에, 콜롬비아, 룩셈부르크, 캐나다, 스페인 등 6개 국가이다. 이들 국가에서는 적극적 안락사가 허용되기 때문에 더 완화된 방식인 의사조력사도 합법이다. 특히 네덜란드에서는 2002년부터 세계 최초로 안락사를 시행하기 시작했는데 그 법안은 「생명종결 및 조력자살법」이다. 그러나 개방적인 네덜란드에서도 보통 안락사 희망자 중에서 약 절반 정도만 심사에 통과한다. 부적격자들은 스스로 안락사, 즉 자살을 선택하였는데, 그 방법은 주로 약물 과다복용 혹은 단식(절식)에 의한 자발적인 죽음이었다. 그들은 질병의 고통을 견디기보다 고통에서 벗어나기 위한 자체적인 안락사를 선택했다. 개방적인 네덜란드도 수요자들의 죽음의 자기결정권을 만족시키지는 못하고 있는 것이다. 그러나 벨기에의 경우 판단능력이 있고 조건에 부합하면 미성년자라도 안락사가 가능하다.

의사조력사physicia assisted death, PAD는 환자 스스로가 의료진의 도움으로 약물을 복용하여 죽음을 맞이하는 것이다. 약물 투여의 주체가 의사에서 환자로 옮겨간 것이다. 시행국가는 스위스, 오스트리아, 핀란드, 뉴질랜드, 독일, 호주와 미국의 일부 주 등이다. 의사조력사를 주장하는 사람들은 조력 자살assisted dying이란 용어를 경계한다. 자살이라는 부정적인 행위가 아닌, 덜 고통스럽고 존엄한 죽음을 희망하는 환자들의 자주권을 강조하기 때문이다. 캘리포니아에서도 이 법안을 「의사조력사망법 physician aid dying law」이라 칭하고, 미국 최초의 법안은 「존엄사망법death with dignity act」이라고 한다. 한편 캐나다에서는 의사조력사 대신에 **'임종 시 의료지원**medical assistacne in dying, MAID'이라고 하는데, 이는 의사조력사와 중복되면서 차이점도 있다. 임종 시 의료지원은 적극적 안락사와 의사조력사를 포함하는 개념이다. 즉 의사가 약물을 직접 투여하는 안락사와 의사의 조력으로 환자가 직접 복용하는 두 가지를 모두 포함한다. 그래서 이 '임종 시 의료지원'은 안락사와 의사조력사가 모두 합법인 캐나다와 네덜란드 같은 나라에서 의사조력사 대신 주로 사용되는 용어이다.

스위스의 '의사조력사'가 세계적으로 유명한 이유는 외국인에게도 시행을 허가했기 때문이다. 물론 전속 법안을 제정하지는 않았지만, 존엄사 지원단체인 엑시트EXIT가 민간에서 활동 중이다. 엑시트는 세계 최초의 조력사 민간단체로서, 이후 관련된 단체들이 추가로 설립되었는데, 이들 협회 중 일부에서도 외국인들에게 조력사 서비스를 제공하고 있다. 이외에도 디그니티dignity는 1998년부터 현재까지 3,000명가량의 조력사를 시행했는데, 그중 외국인이 약 90%에 달한다. 독일은 2020년에 조력사망 금지법을 해제했지만 그렇다고 허용하지도 않았기에 독일인들도 스위스로 가서 의사조력사를 시행하고 있으며 영국도 마찬가지이다. 한국에서도 존엄협회에 가입한 회원이 이미 200여 명을 넘었다.

한편 이러한 의사조력사에 대한 입장은 나라마다 다르다. 아시아에서 일찍이 존엄사법을 추진한 대만이지만, 호스피스 완화의료가 발전한 뒤 오히려 호스피스 완화의학학회에서 가장 완강하게 안락사를 반대한다고 한다. 환자의 생명을 끊는 것이 환자의 고통을 해결하는 좋은 방법이 아니라, 오히려 적절하게 고통을 완화할 기회를 잃게 한다는 입장이다. 안락사를 통해 환자가 쉽게 죽음을 선택하게 만든다는 것이다.

한국의 경우 소극적 안락사라고 할 수 있는 연명의료법의 개정이 진행되고 있지만 이로써 존엄한 죽음의 권리가 충족된 것은 아니다. 이에 2022년 '의사조력자살 및 안락사' 법안을 발의했지만 종교계와 의료계의 거센 반발에 부딪혔다가, 다시 2024년 7월 5일에 독립적으로 '조력존엄사' 법을 다시 재발의했다. 국민의 80%가 조력존엄사의 시행을 찬성하고 희망하고 있다. 현재 발의된 조력존엄사 법안에서 대상자의 조건은 말기 환자일 것, 감당하기 어려운 고통을 겪고 있을 것, 본인이 직접 희망할 것이라는 조건을 충족해야 한다. 또한 이행 과정은 정부 산하의 조력존엄사 심사위원회에서 그 대상자를 선정하고 1개월 후에 담당 의사와 전문의 2인에게 직접 조력존엄사 의사를 표시해야 하며, 마지막으로 의사의 도움으로 조력존엄사를 이행해야 한다.

세계적으로 안락사와 의사조력사를 허용하는 대표적인 국가와 주를 표로 확인해보자.

표 5 적극적 안락사와 의사조력사 허용 국가

국가 및 주	적극적 안락사	의사조력사(PAD)
네덜란드	허용	허용
벨기에	허용	
룩셈부르크	허용	
스위스	불가	
독일	불가	허용(제한적)
콜롬비아	허용	불가
캐나다	허용	허용
뉴질랜드	허용	
호주(빅토리아, 서호주, 태즈메이니아, 남호주)	허용	
미국(오레곤, 워싱턴, 캘리포니아, 버몬트, 콜로라도, 하와이, 뉴저지, 메인)	불가	허용
한국	불가	불가

이상과 같이 안락사법은 매우 복잡하여 국가별로 다양하다. 한국은 2018년도에 제한적 연명의료결정법, 즉 소극적 안락사는 허용되어 시행되고 있다. 그리고 2022년부터 의사조력사 및 적극적 안락사를 허용하자는 발의를 추진하고 있다. 한국 사회는 이제 시작이지만, 세계적인 흐름에 맞춰 적극적 안락사, 의사조력사 혹은 이 둘을 포함하는 임종 시 의료지원을 존엄사로 수용하고자 검토하는 중요한 시기에 와있다.

이에 한국 사회는 존엄사의 방법에 대해 고민하고, 또 다른 종류의 존엄사에 관해서도 모색해 봐야 한다.

자발적 단식사 VSED와 살레카나

VSED와 임종 시 의료지원^{MAID}

세계적으로 의사조력사가 적극적 안락사보다는 온건한 방식으로 여겨지지만, 이 역시도 결국은 의료(진)의 도움으로 환자의 생명을 인위적으로 종식시킨다는 점에서 생명 존중의 가치를 훼손한다는 비판을 받으며 법제화되지 못하는 국가가 더 많다.

한편 이와 유사하지만 약물을 사용하지 않고 환자 스스로 단식을 통해 죽음을 맞이하는 VSED가 새로운 대안으로 떠오르고 있다. VSED는 자발적으로 음식을 중단한다는 뜻의 Voluntary Stopping of Eating and Drinking의 약자이다. VSED는 주로 말기 질환을 겪는 환자들이 임종을 위해 선택하는 존엄사의 한 방식으로 안락사의 일종으로 여겨지기도 한다. 자발적 단식사인 살레카나는 자이나교의 VSED라고도 평가될 정도로 흡사하다. 이 VSED에 관해 살펴보고 살레카나와 비교해 보자.

VSED 역시 살레카나와 마찬가지로 자살인지, 안락사법에 위배되지 않는지 등 사회학적, 의학적, 생명윤리학적 문제가 제기되며 검토 중에 있다. 살레카나와 VSED의 유사성에 주목한 연구는 최근에서야 시도되었다. C. 메이스^{Maes(2023)}는 살레카나가 자살인가 아닌가에 관한 기존의 연구에서 더 나아가, VSED가 자살이 아닌 안락사의 대안으로 서구에서 실행되고 있음에 주목하여 살레카나의 보편성과 적용 가능성에 관해 실질적으로 논의하고 있다. 살레카나와 VSED는 분명 그 의도와 역사적 맥락은 다르지만, 죽음에 이르기까지 개인의 자발적 의지에 따라 음식을 끊고 심리적으로나 신체적으로 좀 더 평안한 죽음을 도모한다는 점에서 동일한 죽음의 방식이다.

VSED는 현재나 장래에 중환자가 모든 수분과 음식의 섭취를 완전히 중단하여 자신의 죽음을 앞당기는 의도적인 결정을 하는 행위이므로, 독일 왕립 의학회는 이에 관해 '자발적 음식 및 수분 섭취 거부 혹은 자발적인 탈수'라고도 말한다(RDMA 2014: 10). 한편 네덜란드 왕립 의학회에서는 '생명의 종식을 앞당기기 위해 의식적으로 음식과 음료를 섭취하지 않는 것'이라는 표현을 선호하는데, '의식적인 선택 a conscious choice'이라는 것이 중요하다. 왜냐하면 이는 보통 말기 질환의 과정에서 혹은 노화의 결과로 자연스럽게 음식과 음료를 극소량으로 섭취하는 것과는 본질적으로 다르기 때문이다.

그런데 이 VSED는 임종 시 의료지원과도 비교된다. MAID는 의사조력사와 유사하지만, 이에만 국한되지 않고 의료적 지원을 포괄하는 개념임을 앞서 살펴보았다. VSED는 의료진이나 가족의 도움을 받아 환자 스스로 음식 섭취를 중단한다는 점에서 안락사보다는 MAID에 포함된다.

그런데 이 VSED는 MAID와 안락사에 비해 5가지 장점이 있다. 첫째, MAID와 안락사는 전 세계 대다수 국가와 미국 내에서도 불법이지만, VSED는 거의 모든 관할권에서 합법이다. 둘째, MAID와 안락사는 합법적일 경우에도 6개월 이내에 사망 가능성이 있는 말기 환자로 제한되지만, VSED에는 이런 제한이 없어서 천천히 진행되는 알츠하이머나 진행성 치매 환자에게는 현실적인 선택이 될 수 있다. 셋째, MAID나 안락사는 자격 요건을 검토받고 처방전을 받기까지 2주에서 1달까지의 기한이 필요하지만, VSED는 빠르게 결정하고 실행할 수 있다. 넷째, MAID나 안락사는 과정 내내 의사와 가족 파트너와 함께해야 하지만, VSED는 전적으로 환자 본인이 통제할 수 있다. 다섯째, VSED는 환자의 결심과 과정상의 의지에 좌우되기 때문에 환자의 자발적인 동의에 관해 의심할 여

지가 없다.

보통 안락사 및 MAID는 환자의 충동적인 선택 이후 타자에 의한 죽음의 실행이라는 측면에서 우려되는 바가 있지만, VSED는 과정 중에 언제든 환자가 자신의 음식물 섭취 중단을 철회할 수 있으며 이를 실행하는 데에는 자신의 의지가 마지막까지 적용되기 때문에 환자의 자발성이 가장 높은 형태의 죽음이다.

의학 보고에 따르면 VSED를 시작한 환자들은 대체적으로 약 14일 이내에 사망한다고 한다.[1] 보통 이 기간에 환자와 가족 및 친지들은 환자의 죽음을 서로 수용하고 서로 이별을 준비하며 마무리하게 된다.

VSED와 살레카나의 비교

살레카나와 VSED 둘 다 자발적으로 생명 연장과 질병 치료를 포기하고, 음식 섭취의 중단을 결정하여 임종을 겪는다는 공통점이 있다. 무엇보다 조력자가 있을지라도 의료인(의사, 간호사, 약사)은 조력자의 역할일 뿐 환자의 자발성이 중요하다. 이는 일반적인 안락사와 의사조력사가 각 단계마다 의료진의 주관하에 진행된다는 점과 대비된다. 특히 VSED는 죽음에 이르는 약물을 사용하지 않고 의사의 명령도 받지 않지만, 이 과정에서 조력자들인 간병인과 가족에게 증상에 관해 관리를 받고 지속적인 지원을 받는다.[2] 이는 살레카나 실행 시에 전통적으로 승단의 스승 등에게 허락을 받은 후 원활한 진행을 위해 승단이나 가족의 도움을 받는 것과 같다. 이 두 죽음이 지닌 유사성과 차이점은 다음과 같이 정리할 수 있다.

살레카나와 VSED는 많은 부분에서 동일하다. 단식이라는 임종의 방법으로 서서히 죽음에 이르는 점, 비폭력적인 자연사라는 점, 주변인들의 조력으로 진행되는 점 등이다. 그리고 무엇보다 기존의 안락사 및 의사조

표 6 살레카나와 VSED의 비교

	Sallekhanā	VSED
행위	(점진적인) 음식과 물의 포기	(점진적인) 음식과 물의 포기
결과	죽음	죽음
의도	영혼의 정화	죽음을 앞당김
기간	과정적(다양함)	과정적(약 14일 이내)
가역성	포기할 수 있음	포기할 수 있음
죽음의 방식	비폭력 / 자연사	비폭력 / 자연사
가족과 의사의 참여	일반적인 참여	일반적인 참여
완화 치료	없음	필요시 가능
가족과 친지의 지원	일반적인 참여	일반적인 참여
장소	승원, 집, 병원, 호스피스, 공공장소	집, 병원, 호스피스
종교성	있음	없음

력사와 이 두 죽음의 중요한 차이점은 '가역성'에 있다.

완화의료 전문가들은 VSED 과정 중에 중단을 요청하거나 연기할 수 있으며, 원하는 때에 다시 시작하거나 완전히 포기할 수 있다고 한다.[3] 이 점이 다른 안락사 및 MAID와 근본적으로 다른 점이다.

보통 VSED는 세 단계로 진행된다. 첫 번째 단계에서 환자는 의식이 있고 다른 사람과 소통할 수 있지만, 두 번째 단계에서는 신부전이 시작되면서 쇠약해진다. 그리고 세 번째 단계에서 보통 섬망 증상을 겪으며 사망에 이르기까지 반응이 없다. VSED의 가역성은 두 번째 단계까지 적용된다. 첫 번째와 두 번째 단계에서 각 개인은 VSED를 중단할 수 있다. 살레카나는 어떠할까. 살레카나 역시 살레카나 서약을 공표하면, 스승과 친지들의 도움으로 진행되지만 이 역시 당사자가 서약을 파기하고 살레카나를 중단하는 사례들도 드물지만 보고되었다. 따라서 당연히 VSED든 살레카나든, 자발적인 선택과 자발적인 의지로 진행되는 죽음의 방식이므로 의식이 깨어있는 한 스스로 되돌릴 수 있다는 점에서 단 한 번의 약물 투여로 죽음에 이르는 안락사와는 다르다.

또한 이 두 죽음은 자연사에 가깝다. 실제로 VSED를 행하는 환자들을 돕는 의사와 간호사들은 이 죽음의 과정이 자연스럽고 비폭력적이라고 묘사했다.[4] 보통 안락사 및 MAID가 치명적인 약물로 사망을 일으키는 것과 달리 자연스러운 죽음의 과정을 거치기 때문이다. 물론, 자이나교의 살레카나가 비폭력적이라는 것은 아힘사를 그들의 종교적 실천 윤리로 삼는 데서 비롯된 것으로 동기와 맥락은 다소 다르지만, 자연적 죽음이라는 결과는 동일하다.

한편 연명치료는 생명을 연장하지만 그 모습은 사뭇 폭력적이다. 1950년대 튜브 삽관이 표준 의료 관행이 되고 연명 기술과 치료법이 발전하면서 개인의 의지와 가치관에 따라 죽는 것을 막는 의료시스템의 개입으로 타의에 의한 장기 수명 시대로 접어들었다. 대부분, 약 80%의 사람들이 병원에서 의료사로 임종하는 시대가 되었다. 현대인들의 의료화된 죽음은 더 이상 인간의 삶이 살 가치가 없을 때 실행되는 죽음인 반면, 살레카나는 인간의 삶이 가치가 있을 때 실행되는 죽음이라고 대비되기도 한다.[5] 현대의 의료화된 죽음은 인간의 생명을 연장하는 데 초점이 맞춰져 있지만, 자이나교는 다르마(진리, 수행)에 따라서 다르마를 향상시키는 것이 진정으로 가치 있는 삶이기에 그것을 더 이상 지속할 수 없을 때 다르마를 최대한 보존하는 삶의 형태로 임종하기를 선택하는 것이다.

의료화된 죽음은 마치 '건강하고 완전한 삶이 가능한 오래 연장되는 것이 더 공리적으로 옳고 명백한 것'처럼 여겨진다. 그러나 좋은 죽음의 표상인 자이나교의 살레카나는 종교적 삶의 연장선에 있는 것이다. 인생이 더 이상 살 가치가 없어지는 반전의 시점이란 없으며, 다만 마지막까지 존엄성을 유지하는 것이 최선이라는 것이다. 살레카나는 삶을 존엄하게 마무리하는 하나의 방식이며, 좋은 삶을 살았기 때문에 기꺼이 자발적으로 최선의 방식으로 떠날 수 있는 것이다. C. 메이스는 이러한 살레카나의 윤리는 현대의 생명윤리 및 가치관과는 다르지만, 오히려 그렇기 때문에 생명윤리의 실천을 더 풍요롭게 할 수 있다고 역설한다.

그러나 살레카나와 VSED의 근본적인 차이점도 간과할 수는 없다. VSED가 더 이상 삶을 살 수 없을 때에 죽음을 앞당기기 위한 일종의 안락사라면, 살레카나는 더 나은 종교적인 삶을 위한 필수적인 수행의 일환이다. 살레카나 서약에 따르면 빨리 죽고 싶은 욕구로 살레카나를 행하는 것은 서약의 위배사항이다. 죽음은 살레카나의 목적이 아니며, 살레카나를 통해 신체와 정신을 효과적으로 정화하면서 죽음이라는 영혼의 관문을 바르게 통과하고자 하는 것이다. VSED의 의도는 죽음을 앞당기는 것이지만, 살레카나의 궁극적 의도는 영적인 고양이며 이를 통해 더 나은 윤회나 해탈을 지향한다. 그래서 살레카나가 자이나교도들에게 길상한 의례로 여겨지는 것이다. VSED와 달리 자이나교의 죽음은 당사자가 허락하는 경우 자이나 신자들에게 공개되는 경우가 있다. 물론 살레카나 서약에 이를 통해 사람들의 관심을 끌고 인정받으려는 욕망도 서약의 위배사항이라고 명시되어 있지만, 자신의 죽음을 통해 신자들과 공동체에 정신적인 영감이 전해지는 것을 허락하기도 한다. 수백 혹은 수천 명의 신자들이 모여 살레카나로 임종한 수행자를 기리며 함께 기도하고 의식을 치른다. 신자들은 그 의식을 통해 자신 역시 그러한 죽음을 맞이하겠다는 다짐을 하기도 한다.

종교적 임종 수행인 살레카나를 현대적인 VSED와 비교함으로써 종교성을 탈피하여 좀 더 일반적으로 소개할 수 있으며, VSED를 통해서도 현대 의료관행에서 결여된 정신적인 삶의 가치를 전할 수 있다.

자기결정권에 따른 죽음의 자유

VSED와 살레카나의 또 다른 중요한 특징은 죽음에 대한 자기결정권의 측면에 있다. 물론 안락사와 의사조력사 역시 생명존중의 가치만큼 죽음의 자기결정권에 기반하여 선택할 수 있다. 그러나 VSED와 살레카나는 단 한 번의 선택으로 초래되는 죽음이 아니라, 죽음에 이르기까지 자발적인 의지로 단식을 유지해야 한다는 점에서 선택권뿐 아니라 행사권이 온전히 자신에게 주어져 있는 '자기가 결정하고 행사하는 죽음'이다.

그러나 죽음의 자기결정권이 지닌 가치에 주목하는 동시에 이로 인해 초래되는 자살의 위험성에 관한 우려도 크다. 앞서 2015년에 인도에서 살레카나를 자살 및 자살 방조죄로 규정하고 금지했던 당시 니킬 소니는 공익 소송에서 이 살레카나를 안락사 및 임종 의료지원MAID과 비교하였다. 이로 인해 서구에서도 대부분 불법이며 논란이 많은 안락사 및 MAID를 살레카나와 비교함으로써 살레카나에 대한 부정적 인식을 높이게 되었다. 그러나 여러 연구자들이 올바르게 검토했듯이 살레카나는 MAID보다도 VSED와 비교해야 더 정확하고 건설적이다.[6]

VSED도 살레카나처럼 법정에서 자살인가의 논란이 있었다. VSED에 대한 법원의 판결과 살레카나에 대한 라자스탄 고등법원의 판결을 비교함으로써 VSED와 자살을 구별하기 위해 제시된 논거가 살레카나와 자살에 대한 윤리적 논쟁에 새로운 통찰력을 제공할 수 있다는 사실에 주목할 필요가 있다. 또한 여러 의학, 호스피스, 완화의료학회에서도 VSED와 자살의 문제를 검토하고 있다. 사실 VSED를 자살의 한 형태로 간주하지 않는 이유는 살레카나의 경우에도 동일하게 적용된다.

앞서 인도 라자스탄주에서 2015년도에 살레카나를 자살 및 자살 방조죄로 범죄화했다가 이후 2017년도에 인도의회에서 자살을 형사 범죄로 처벌하지 않고 정신건강장애로 재정의하는 정신건강관리법을 통과시켰다. 또한 2024년 7월부터 시행되는 개정된 인도 형법에서 자살자 처벌 조항은 폐기되었다. 이제 인도에서 형법상 자살자에 대한 형사처벌은 불가하며, 자살시도자는 정신건강관리법에 따라 치료 및 재활 치료를 받아야 한다. 살레카나는 아직도 인도 사회에서 법적으로 명확하게 규정되지 못한 채, 그 관행이 유지되고 있다.

그러나 경우에 따라서는 살레카나나 VSED를 행한 사람이 죽은 후 그것을 도운 조력자들이 자살 교사 및 방조죄로 기소될 수도 있다. 인도 사회에서 살레카나가 그런 위기에 처했던 것과 마찬가지이다. 따라서 살레카나와 VSED와 같은 죽음에서 제기되는 핵심 질문은 이것이 과연 자살 및 자살방조죄인가의 문제이다. 앞서 살레카나는 자이나교 전통에서 자살과는 전적으로 구별되는 신성한 존엄사로 규정되고 있음을 밝혔는데, VSED에 대해서는 어떠할까.[7]

세계적인 의료단체 및 협회, 호스피스 및 완화의료학회에서는 VSED를 자살과 근본적으로 다르다고 구분한다. 특히 독일 왕립 의학회와 간호사회는 VSED를 위한 가이드[8] 책자에서 존엄사와 자살을 같은 것으로 간주하지 말자고 주장한다. 자살은 적극적이고 폭력적이며 충동적으로 외롭게 행해지는 죽음이지만, VSED는 자연스러운 방법으로 평화적이며 환자의 지속적인 노력과 주위의 도움으로 행해지는 자연사이다. 그리고 초기와 중간단계에서 환자가 자신의 선택을 되돌릴 수 있다는 '가역성'은 자살과 근본적으로 다른 점이다.

무엇보다 안락사나 연명치료 중단이 금지된 많은 지역권에서도 VSED는 허용되고 있다. 독일 의학협회 Bundesärztekammer는 2011년 초 환자가 원할 경우 음식물을 섭취하지 않음으로써 임종을 맞이할 수 있다고 규정했다.[9] 또한 독일 완화의학협회 Deutsche Gesellschaft für Palliativmedizin, DGP는 의사조력사와 임종 시 의료지원을 구분하고 있으며, 후자에 환자의 VSED 과정에 대한 의학적, 완화적 지원을 포함시키고 있다. "환자의 자유로운 의사에 따라 임종과 임종과정에 도움을 주는 것은 자살을 돕는 것이 아니라, 임종과정에서의 안락사에 해당한다."고 명시되어 있다. 또한 독일의 '환자를 위한 돌봄 가이드'에서도 환자의 음식물 섭취 중단 결정은 종종 안락사 요청이 거절된 경우와 관련이 있다는 점을 지적한다.[10] 즉, VSED는 안락사가 불가능한 환자들이 자살 대신 선택하는 차선이자 최선의 안락사인 것이다.

법원들의 판결도 주목해야 한다. VSED를 지원하는 환자나 조력자들의 합법성을 검토한 법원은 종종 VSED 과정을 자살과 구분하고 의사 등의 조력자들이 자살방조에 책임이 없다고 판결한다.[11] 무엇보다 어떤 법원들은 이 VSED가 '자기결정권'의 원칙 내에서 가능하다고 그 권리를 확립했다. 남호주 법원의 H Ltd v J & Anor 사건을 보자. 노인요양시설의 원장이 죽음을 원하는 환자 A에게 음식과 물, 그리고 인슐린의 복용을 중단해도 되는지 그 선언에 관해 요청했고, 법원은 다음과 같이 판결했다.

> 자기결정권의 원칙은 환자의 의사를 존중할 것을 요구하므로, 건전한 정신의 성인이 자신의 생명을 연장하거나 연장할 수 있는 치료 또는 치료에 대한 동의를 불합리하게 거부하는 경우, 환자의 치료를 담당하는

의사는 비록 그것이 환자의 최선의 이익에 부합하지 않는다고 생각하더라도 환자의 의사를 존중해야 한다는 것이 확립되어 있다. ... 이 정도까지는 인간 생명의 신성함의 원칙이 자기결정의 원칙에 양보해야 한다.[12]

이 판결을 내린 쿠라키스Kourakis 판사는 자살에 대한 법적, 관습적 이해와 자기결정권 원칙에 의거할 때, 음식 중단을 희망하는 개인의 결정은 결코 자살에 해당하지 않는다고 말하고, 무엇보다 분쟁이 발생하더라도 자기결정권의 원칙이 생명존중의 원칙보다 우선한다고 판단한 것이다. 호주의 이 판결과 마찬가지로, 독일 왕립 의학회도 환자의 자기결정권을 바탕으로 VSED와 자살을 법적으로 구분하고 있다.

의식적으로 음식물을 섭취하지 않기로 선택하는 것은 삶의 종말을 앞당기려는 시도이다. 이는 죽음을 위한 선택이지만, 법적인 관점에서도 자살과는 본질적으로 다르다. 의식적으로 음식물을 섭취하지 않기로 선택하는 것은 항생제, 인공호흡 또는 완화 화학 요법을 거부하는 것과 비슷하며, 이를 거부할 경우 사망에 이르게 된다. 이는 자살로 간주되지 않고 환자가 자기결정권, 특히 치료를 거부할 권리를 행사하는 것으로 간주된다. 임종을 초래하거나 임종을 앞당길 수는 있지만 자살과 동등한 것으로 간주할 수는 없다.[13]

자기결정권의 원칙에는 능력 있는 개인이 음식과 약물과 같은 생명유지 치료를 거부할 수 있는 도덕적, 법적 권리가 포함된다. 연명치료를 거부하는 개인의 의사는 존중되어야 한다. 결론적으로 자기결정권의 원칙은 신체의 완전성, 자기 소유권, 인간존중의 원칙을 지지하는 것이다.

이렇게 서구 의학계와 법조계에서 VSED를 자살과 분명하게 구분하고 생명의 자기결정권에 근거하여 지지하고 있다는 점은 대단히 중요하다. 인도에서 살레카나가 금지되었던 맥락을 앞서 밝혔는데, 새로운 맥락에서 살레카나의 가치를 역설할 수 있어 보인다. 그리고 또 한 가지 흥미로운 점은 그 합법성에 있어서 종교성이 고려되지 않는다는 점도 주목해야 한다. 앞서 인도에서 살레카나가 금지되자 많은 자이나교도들이 종교의 자유를 침해한다는 이유로 시위를 했다. 라자스탄주는 형법에 의거하여 이를 금지했고, 자이나교도들은 헌법에 명시된 종교의 자유라는 권리를 내세운 것이다.

그러나 VSED의 합법성 검토에 따르면 종교적 동기 자체는 법적인 측면에 영향을 끼치지 않는다. 2010년 남호주의 쿠라키스 판사는 판결문에서 건전하고 유능한 정신상태를 지닌 사람이 자발적으로 시작한 행위라면 종교적이든 아니든 VSED를 선택한 이유는 중요하지 않다고 밝혔다.

> 또한 더 나아가 개인의 결정이 위험과 이익의 균형이 아니라 종교적 사회적, 또는 도덕적 근거에 기반한 것인지도 중요하지 않다. 사실, 그 결정이 명백한 이유로 뒷받침되지 않는 듯이 보이더라도 유능한 성인이 자발적으로 내린 결정이며, 허위 진술 같은 무효화 요인이 없다면 문제가 없다.[14]

살레카나는 자이나교의 VSED라고 할 정도로 종교성을 제외하면 현대적인 VSED와 동일하다. 이 살레카나가 의료 및 법적인 맥락에서 VSED의 한 형태로 간주될 수 있다면, 이 관행은 법적인 허용과 보호를 받을 수 있을 것이다. 각 개인의 살레카나에 대한 권리는 종교의 자유뿐 아니라,

자기결정권, 신체적 완전성, 자기 소유권 및 인간 존중의 원칙에 기반하는 것이기 때문이다.

한 사례를 살펴보자. 미국에 거주하는 자이나교도가 살레카나를 선택할 권리를 요구하였다. 미국 캘리포니아에 거주하는 자이나 이민자인 니틴 샤Nitin Shah는 마취 및 중환자 치료학과 교수이자 치료사로 일하며, 자이나교의 살레카나santhārā, samādhimaraṇa, samyāsamaraṇa에 대한 신념은 오늘날 질 낮은 죽음을 맞이하고 있는 세계인들에게 해결책을 제시한다고 말한다. 니틴 샤는 자이나교도들의 살레카나 수행 권리를 옹호할 뿐만 아니라, 한 걸음 더 나아가 의료화된 환경에서 많은 환자들이 겪는 열악한 임종과정에 대한 보편적인 해결책으로 살레카나를 제시한다. 너무 많은 임종 환자들이 공격적이고 비효율적이며 값비싼 치료를 받고 있는 현실의 미국에서 살레카나는 개인이 선택할 수 있는 평온한 삶의 질을 보장하는 대안적이고 존엄한 죽음이라고 주장한다.

많은 한국인들이 죽음에 임해서는 개개인의 종교적 신념을 넘어선 절실한 문제에 봉착해 있고, '죽음의 질' 지수가 매우 낮은 한국 사회는 큰 숙제를 안고 있다. 고통받는 말기 환자들뿐 아니라, 자기 결정적인 웰다잉을 추구하는 자들에게 있어서 VSED와 살레카나는 중요한 시사점을 던지고 있고, 또한 최선의 대안이 될 수도 있어 보인다. 한국인들의 약 80%가 존엄사가 시행되기를 희망하고 있지만, 2024년에서야 발의된 조력존엄사법은 복잡한 사회적 합의를 거쳐 상당한 시간이 지나서야 시행될 가능성이 높다. 그 과정에서 VSED를 한국 사회에 소개할 필요가 있다. VSED의 한국적 적용가능성도 검토해보고, 가능하다면 시도해볼 만하다. 우리에게는 온전한 임종을 위한 더 많은 선택지가 필요하기 때문이다.

나가며

모든 생명체는 필연적으로 죽음을 겪는다. 그러나 우리는 타자의 죽음을 관찰할 뿐, 나의 죽음은 살아 있는 한 닥치지 않으니 죽음이란 없을 듯이 살고 있다. 마치 제논Zenon의 가고 있는 화살은 가지 않듯이, 아직 오지 않은 죽음은 영원히 오지 않는다고 여기는 듯하다. 고대 쾌락주의 철학자인 에피쿠로스Epikouros는 자신이 살아 있을 때는 죽음을 모르며, 정작 죽을 때는 죽음을 모르니 죽음을 두려워할 필요가 없다고 조언했다. 이는 삶과 죽음의 개념을 반대로 설정하고 배제하여 삶에서 죽음의 두려움을 몰아내는 사유법으로는 유효하겠지만, 그 자체는 죽음에 대한 바른 통찰도 아니고 접근도 아니다.

생명은 탄생과 동시에 죽음을 끊임없이 반복하고 있다. 세포의 분열과 증식, 그리고 세포의 사멸과 새로운 탄생. 생명은 죽음을 살아내고 있고, 죽음은 생명을 품고 있다. 생명과 죽음은 동전의 양면이자 뫼비우스의 띠와 같으니, 생명은 곧 죽음이라고까지 말할 수 있을 것이다.

그럼에도 생명의 휴식인 죽음보다 활동하는 삶을 지향하는 세포의 본능에 따르는 것인지, 인류는 죽음을 직시하기보다 외면하고 은폐하곤 했다. 인도 최고最古층 문헌인 『베다Veda』의 죽음관은 현대인의 초상을 담고 있다. 초기 베다 문헌에서는 삶을 즐기며 100세까지 최대한 천수를 누리며 살라는, 심지어 가족의 장례를 치르더라도 불길한 죽음은 일상에서 재빨리 잊고 곧바로 삶으로 돌아오라는 지극히 현세 중심적 가치관을 보여준다.

현대 사회에서도 죽음은 삶의 경계 너머로 축출된 느낌마저 든다. 과학과 경제가 중심 가치가 된 현대 사회에서 죽음의 모습과 가치는 의학 기술과 경제적 효율로 대체되어 왔다. 자연적 죽음을 의학적 기술로 연명하고 유물론적 가치관으로 죽음의 경계를 재단하지만, 그렇다고 해서 인간의 숙명인 죽음을 삶에서 영원히 제거할 수도, 그로부터 구원될 수도 없다.

한국인의 죽음의 질은 다른 나라에 비해서도 현격하게 낮다. 한국의 자살률은 OECD 국가 가운데 1~2위를 다툰 지 오래이고 노인 자살률은 전 세계 1위이다. OECD 국가 중 노인 빈곤율이 가장 높으며 고독사 비율도 가장 높다. 게다가 인구절벽 시대에 접어든 한국 사회에서 1인 가구가 급증하면서 향후 고독사가 더욱 증가할 추세이니 이 사회의 웰다잉(좋은 죽음)을 위한 준비는 이제 다른 어느 나라보다도 절박한 과제로 다가온다.

한편 '세계 죽음의 질 지수'에서 1위를 차지한 영국은 체계적인 죽음준비에 있어서 단연 선진국으로 꼽힌다. 영국은 초중고에서 죽음준비교육을 체계적으로 실시하고, 사회적으로도 데스카페death cafe를 운영한다. 마치 소크라테스가 광장에서 젊은이들과 자유롭게 성역을 부수고 토론했듯이, 외면되어 왔던 죽음이라는 화두를 사회로 끌어내어 서로 더 나은 죽음을 준비하도록 돕는다. 영국 사회는 죽음을 외면하고 냉동고에 가둔 게 아니라, 포용하고 공존하고 있는 듯이 보인다.

생명체의 숙명인 죽음은 피할 수 없다. 피할수록 더 비참하게 죽음을 맞이하게 될 것이다. 피할 수 없다면, 직시하고 대비하며 준비하여 더 나은 죽음과 삶을 만들어가야 할 것이다. 웰다잉의 필수적인 선결 조건은 죽음준비death preparation이다. 죽음에 대한 준비는 더 나은 웰다잉으로 귀결될 뿐 아니라, 준비하는 죽음으로 인해 그만큼 삶의 질도 높아지므로 웰빙의 조건이기도 하다.

로먼 크르즈나릭Roman Krznaric은 "죽음은 한마디로 거울이다. 우리의 삶을 비춰보게 하는 거대한 거울이다. 죽음이 없이는 삶을 제대로 사는 법을 배우지 못할 것이다."라고 했다. 죽음이라는 거울은 우리 삶을 근본에서부터 통째로 바라보게 하고, 그 유한성을 통해 삶의 소중함과 가치를 느끼게 해준다. 죽음은 삶의 가장 강력한 스승이다. 삶의 시점에서 죽음을 보기보다 애초에 죽음의 시점에서 삶을 보면, 삶을 근본적으로 새롭게 대할 수 있을 것이다. 그러나 그런 근본적 접근이 어렵더라도 우리는 죽음을 유예하거나 두려워하여 외면하기보다는, 반드시 닥쳐올 죽음에 대해 준비하고 좀 더 온전하게 대처해야 한다.

아마도 자이나교는 지구상에서 가장 엄격한 수행과 윤리적 원칙을 고수하는 금욕적 수행종교의 표본일 것이다. 사람들에게 거의 알려지지 않은 이 극소수의 종교, 인도의 자이나교도들은 고대부터 현대까지 삶 속에서 죽음이라는 거대한 거울을 잊지 않고 들여다보면서, 삶을 온전하게 살아내고 마무리하기 위해 최선의 노력을 기울여왔다. 그리고 그 노력의 방법과 가치를 자발적인 단식 존엄사인 살레카나로 제시하고 있다. 살레카나는 오늘날 어두운 죽음을 맞이하고 있는 많은 현대인들에게 더 아름답게 삶을 마무리하는 길을 걸어가도록 하는 의미 있는 지침이 될 것이다.

미주

제1장

1   http://Jainpedia.org.

2   자이나교에서는 인간의 눈에 보이는 물리적인 신체 이외에 또 다른 차원의 신체들이 존재한다고 본다. 『땃뜨바르따수뜨라Tattvārthasūtra』 9.43에 따르면 영혼의 에너지는 특별하게 변형되어 다양한 신체적 활동으로 드러난다. 영혼의 신체는 조대물질의 신체audārikaśarīra, 변형된 신체vaikriyaśarīra, 획득된 신체āhārakaśarīra, 불타는 신체taijasaśarīra, 까르마의 신체kārmaṇaśarīra 등으로 분류된다. 살레카나를 통해 소멸되는 신체는 단지 육체적인 신체만이 아니라 이러한 미묘한 신체들까지 아우른다. 이들 신체에 대해서는 H. von Glasenapp, *The Doctrine of Karman in Jain Philosophy* (Tr. from the original German by G.B. Gifford), Bombay (1942) 참조.

3   D.S. Baya, *Death with Eqaunimity: The Pursuit of Immortality*, Jaipur: Prakrit Bharati Academy (2007), p. 231.

4   자이나교는 크게 두 종파로 나뉜다. 엄격한 나체 수행과 무소유의 원칙을 고수하는 공의파Digambara와 흰옷을 입고 수행하며 여성의 해탈 가능성을 긍정하는 백의파Śvetāmbara이다. 마하비라의 사후에 의복에 대한 무소유를 수행 원칙으로 유지한 공의파는 인도 남부로 이동하여 자리 잡았고, 백의파는 서북부에 남아 교단을 형성했다. 이외에 공의파에서 개혁적인 제3의 야빠니야파Yāpanīya가 나와 나체 수행을 반대하고 여성의 해탈을 긍정하기도 했다. 이 세 종파에서 각각 하위의 다양한 종파들이 분파되어 있기도 하다. 현재 인도에서는 엄격하고 폐쇄적인 공의파에 비해 백의파에 여성 출가자 및 신자의 수가 더 많고 사회적으로도 활발한 활동을 펴고 있다. 특히 백의파 중 테라판

타Terāpantha파는 출가자 제도를 변형시켜 해외 포교 및 교육을 할 수 있는 사미, 사미니 지위를 만들어서, 이를 통해 거의 유일하게 해외 포교와 교육을 실시하고 있다. 라자스탄주에 위치한 자이나 전문대학이자 승가교육 센터인 자인비슈바바라티Jain Vishva Bhrarati는 세계적으로 개방된 교육 센터이다.

제2장

1 백의파 성전은 초기 불교 성전의 언어인 빨리어와 마찬가지로 해당 지역에서 쓰이는 속어 쁘라끄리뜨어prakrt인 아르다마가디어Ardhamāgādhī로 기록되어 있는데, 본서에서 표기한 용어들은 표준어인 산스끄리뜨어로 변환한 용어들이다. 예를 들어 자이나 고대 성전인 뿌르바pūrva는 아르다마가디어로 뿌바puvva이다. K.L. Wiley, *Historical Dictionary of Jainism*, 1st ed. Lanham, Maryland: The Scarecrow Press Inc. (2004), p. ⅩⅩⅳ 참조.

2 쁘라끼르나는 산스끄리뜨어 발음이고, 쁘라끄리뜨어로 빠인나야Painnaya라고도 한다. 이 문헌군은 백의파의 성전 체계를 보완하는 문헌으로 구성되며 10개에서 많게는 20개까지 이른다. 대체로 죽음의 방법, 의학, 점성학 등에 관한 내용을 담고 있으며 이 중에서 임종 시의 마음가짐과 죽음의 방법(살레카나,사마디마라나)을 다룬 문헌이 절반 이상이다.

3 마하라슈뜨리어Mahārāṣṭri로 쓰인 이 문헌에 관해서는 D.S. Baya, *Candāvejjhayaṃ Painnayaṃ*(Candravedhyaka Prakīrṇaka), Udaipur: Āgama ahiṃsā samatā evaṃ prākṛta saṃsthāna (2001); 谷川泰教, 「チャンダーヴェッジャヤ和訳」, 高野山大學論叢 (1977), Vol.12 참조.

4 대표적인 티벳의학서인 『사부의전』의 티벳어 서명書名은 '여덟 갈래의 감로의 핵심에 대한 은밀한 가르침인 네 딴뜨라bdus rtzi snying po yan lag brgyad pa sang ba man ngag gi rgyud bzhi'이며, 이를 축약하여 규시rgyud bzhi라고도 한다.

5 S. Einoo, "The signs of death and their contexts", HINO, Shoun/WADA, Toshihiro (Hrsg.): *Three mountains and seven rivers: Prof. Musashi Tachikawa's felicitaion volume*, Delhi: Motilal Banarsidass (2004), pp. 871-886; T. Suzuki (杉木恒彦), 『サンヴァラ系密教の諸相-行者・聖地・身体・時間・死生』, 東信堂 (2007).

6 *Atharvaveda* 10.3.6-7.

7 비야사 지음, 『요가수트라 주석』, 정승석 옮김, 씨아이알 (2020), p. 190.

8   A.S. Gopani, *Riṣṭasamuccaya of Durgadeva*, Siṅghī Jaina granthamālā Singhi Jain series no.21, Bombay: Bharatiya vidya bhavan (1945), pp. 26-55.

9   찰스 A. 코르 & 도나 M. 코르 지음, 『현대 생사학 개론』, 한림대 생사학연구소 옮김, 박문사 (2018), pp. 156-160.

10 C.A. Corr, *Adult hospice day care*, Death Studies (1992), pp. 155-171.

11 찰스 A. 코르 & 도나 M. 코르 지음, 앞의 책, pp. 148-171; J. Ahronheim & D. Weber, *Final Passages: Positive Choices for the Dying and Their Loved Ones*, Simon & Schuster (1992).

12 찰스 A. 코르 & 도나 M. 코르 지음, 앞의 책, pp. 148-171; C. Seale etc., *Awareness of dying: Prevalence, causes and consequences*, Social Science & Medicine, Volume 45, Issue 3, August 1997, pp. 477-484.

제3장

1   奧田淸明, 「ジャイナ敎におけるmaraṇaの分類」, 『佛敎思想論集』, 奧田慈應先生 喜壽記念論文集刊行會 編, 京都: 平樂寺書店 (1976), pp. 1155-1156.

2   W.D. Braun, *Sallekhanā: The Philosophy, Ethics and Culture of the Jain End of Life Ritual*, Ph.D. thesis in Religion, Claremont Graduate University (2015), California, USA, pp. 151-153.

3   奧田淸明, 「ジャイナ敎におけるmaraṇaの分類」, 『佛敎思想論集』, 奧田慈應先生 喜壽記念論文集刊行會 編, 京都: 平樂寺書店 (1976), p. 1158-1161.

4   P.S. Jaini, *The Jaina Path of Purification*, Delhi: Motilal Banarsidass Publishers Pvt. Ltd. (1990), p. 233.

5   C. Caillat, "Fasting unto death according to the Jaina tradition", *Acta Orientalia*, Vol.38 (1977), p. 48.

6   C. Caillat, "Fasting unto death according to the Jaina tradition", *Acta Orientalia*, pp. 64-66; K.L. Wiley, *Historical Dictionary of Jainism*, 1st ed., Lanham, Maryland: The Scarecrow Press Inc. (2004), p. 182.

7   https://www.jainheritagecentres.com.

8   S. Setter, *Inviting death: Indian Attitude towards the Ritual Death*, Leiden: E.J.

Brill (1989), p. 147.

9 S. Setter, *Inviting death: Indian Attitude towards the Ritual Death*, pp. 132–139.

10 B.K. Khadabadi, *Studies in Jainology Prakrit Literature and Languages*, Jaipur: Prakrit Bharati Academy (1997), p. 260ff.

11 C. Caillat, "Fasting unto death according to the jaina tradition", *Acta Orientalia*, Vol.38 (1977), p. 66.

12 http://www.jinvaani.org.

13 유튜브: https://www.youtube.com/watch?v=Uxwehwq4XlA.

14 T.K. Tukol, *Sallekhana is not suicide*, 1st ed., Ahmedabad: L.D. Institute of Indology (1976), pp. 58–61.

15 C.K. Chapple, *Nonviolence To Animals, Earth, and Self In Asian Traditions*, 1st ed., Albany, NY: State University of New York Press (1993), pp. 104–106.

16 D.S. Baya, "Relevance of Sallekhanā/Samādhi-maraṇa in Today's Society", In *Sallekhanā, The Jain Approach to Dignified Death*, ed. Jain, S. Chand & C.K. Chapple: Newdelhi, D.K. PRINTWORLD (2020), pp. 241–247.

17 유튜브: https://www.youtube.com/watch?v=EYCXu4aIdvs.

18 W.M. Braun, *Sallekhanā: The Philosophy, Ethics and Culture of the Jain End of Life Ritual*, Ph.D. thesis in Religion, Claremont Graduate University (2015), California, USA, p. 82ff.

제4장

1 P.S. Jaini, *The Jaina Path of Purification*, Delhi: Motilal Banarsidass Publishers Pvt. Ltd. (1990), p. 227.

2 김진영, 「힌두 죽음의례의 신성화 구조와 그 기능-베다 텍스트의 슈라다제 śrāddha. 祭를 중심으로」, 『남아시아연구』(2014).

3 베르나르 포르, 『동양종교의 죽음』, 김주경 옮김, 영림카디널 (1997), pp. 28–29.

4 K.L. Wiley, *Historical Dictionary of Jainism*, 1st ed. Lanham, Maryland:

The Scarecrow Press Inc. (2004), p. 87; P. Flügel, "Jaina afterlife beliefs and funerary practices", ed. C.M. Moreman, *The Routledge Companion To Death And Dying*, London and Newyork: Routledge (2017).

5   P. Flügel, "Jaina afterlife beliefs and funerary practices", ed. C.M. Moreman, *The Routledge Companion To Death And Dying*, p. 126.

6   K.L. Wiley, *Historical Dictionary of Jainism*, 1st ed. Lanham, Maryland: The Scarecrow Press Inc. (2004), p. 87.

7   양영순, 「자이나교의 요가 명상론 연구」, 박사학위 논문, 동국대학교 (2019), p. 143ff 참조.

8   P.S. Jaini, *The Jaina Path of Purification*, Delhi: Motilal Banarsidass Publishers Pvt. Ltd. (1990), pp. 231-240.

9   P.S. Jaini, *The Jaina Path of Purification*, p. 233; R. Williams, *Jaina Yoga: A Survey of the Medieval Śrāvakācāras*, Delhi: Motilal Banarsidass (1963), pp. 170-171.

10 R. Williams, *The Jaina Yoga: A Survey of the Medieval Śrāvakācāras*, p. 167.

11 P. Dundas, *The Jains*, 1st: 1992. 2nd., London and New York: Routledge. (2002), p. 156.

12 R. Williams, *Jaina Yoga: A Survey of the Medieval Śrāvakācāras*, Delhi: Motilal Banarsidass (1963), pp. 39-40.

13 R. Williams, *Jaina Yoga: A Survey of the Medieval Śrāvakācāras*, p. 169.

제5장

1   에밀 뒤르켐, 『자살론』, 김충선 역, 청아출판사 (1994), p. 234.

2   M. Sethi, "Ritual death in a secular state: the Jain practice of Sallekhana", *South Asian History and Culture* (2019), 10:2, p. 140.

3   정신건강관리법THE MENTAL HEALTHCARE ACT(2017), p. 47 in https://www.indiacode.nic.in/handle/123456789/2249.

4   정신건강관리법THE MENTAL HEALTHCARE ACT(2017), p. 47 in https://www.indiacode.nic.in/handle/123456789/2249.

5   T.K. Tukol, *Sallekhana is not suicide*, 1st ed. Ahmedabad: L.D. Institute of Indology (1976), p. 83.

6   전재성 역주, 『비나야삐따까: 빠알리 율장』, 우리말빠알리대장경 비나야삐따까-율장전서, 한국빠알리성전협회 (2020), p. 1662; 2451.

7   전재성 역주, 『비나야삐따까: 빠알리 율장』, 우리말빠알리대장경 비나야삐따까-율장전서, pp. 1655-1668.

제6장

1   J. Lowers, S. Hughes and N.J. Preston, "Overview of Voluntarily Stopping Eating and Drinking to Hasten Death", *Annals of Palliative Medicine* (2020), p. 3612.

2   T.E. Quill, P.T. Menzel, T. Pope and J.K. Schwarz (ed.), *Voluntarily Stopping Eating and Drinking: A Compassionate, Widely-Available Option for Hastening Death*, Oxford: Oxford University Press (2021), p. 12; J. Lowers etc., "Overview of Voluntarily Stopping Eating and Drinking to Hasten Death", *Annals of Palliative Medicine* (2020), p. 3611.

3   A. Feichtner and D. Weixler, A. Birklbauer, "Freiwilliger Verzicht auf Nahrung und Flüssigkeit um das Sterben zu beschleunigen Eine Stellungnahme der österreichischen Palliativgesellschaft (OPG)", *Wiener Medizinische Wochenschrift* (2018), 7(8): 168, p. 169.

4   T.E. Quill etc., *Voluntarily Stopping Eating and Drinking: A Compassionate, Widely-Available Option for Hastening Death* (2021); J. Lowers etc., "Overview of Voluntarily Stopping Eating and Drinking to Hasten Death", *Annals of Palliative Medicine* (2020); S. Stängle, W. Schnepp, D. Büche and A. Fringer, "Voluntary Stopping of Eating and Drinking in Swiss Outpatient Care", *GeroPsych* (2021), 34(2).

5   Donaldson & Bajželj, *Insistent Life, Principles for Bioethics in the Jain Tradition*, University of California Press (2021).

6   Donaldson and Bajželj, *Insistent Life, Principles for Bioethics in the Jain Tradition*, University of California Press (2021), pp. 207-209. Donaldson과 Bajželj는 '살레카나가 고체 음식과 액체 영양뿐만 아니라 점진적인 치료 거부

를 포함하기 때문에 사람이 죽도록 허용하는 자발적인 수동적 안락사의 한 형태로 설명될 수 있으며, 표면적으로 VSED와 가장 유사하다'고 밝힌다.

7 J. Lowers etc., "Overview of Voluntarily Stopping Eating and Drinking to Hasten Death", *Annals of Palliative Medicine* (2020); T.E. Quill etc., *Voluntarily Stopping Eating and Drinking: A Compassionate, Widely-Available Option for Hastening Death* (2021), p. 68.

8 RDMA, *Caring for People Who Consciously Choose not to Eat and Drink to Rush Life*, Utrecht: Royal Dutch Medical Association and the Dutch Nurses' Association (2014).

9 A. Feichtner etc., "Freiwilliger Verzicht auf Nahrung und Flüssigkeit um das Sterben zu beschleunigen Eine Stellungnahme der österreichischen Palliativgesellschaft (OPG)" *Wiener Medizinische Wochenschrift* (2018) 7 (8): 168, pp. 173-174.

10 RDMA, *Caring for People Who Consciously Choose not to Eat and Drink to Rush Life* (2014), p. 4; VSED의 적법성에 대한 통찰력 있는 논의는 T.E. Quill etc., *Voluntarily Stopping Eating and Drinking: A Compassionate, Widely-Available Option for Hastening Death* (2021), pp. 86-102 참조.

11 T.E. Quill etc., *Voluntarily Stopping Eating and Drinking: A Compassionate, Widely-Available Option for Hastening Death* (2021), pp. 91-92.

12 H Ltd v J & ANOR, 2010 SASC 176, 15 June 2010, § 39, pp. 12-13.

13 RDMA, *Caring for People Who Consciously Choose not to Eat and Drink to Rush Life* (2014), p. 13.

14 H Ltd v J & ANOR, 2010 SASC 176, 15 June 2010, § 40.10.

참고문헌

▶ 원전류

Baya, D.S. (2001), *Candāvejjhayaṃ Paiṇṇayaṃ(Candravedhyaka Prakīrṇaka)*, Udaipur: Āgama ahiṃsā samatā evaṃ prākṛta saṃsthāna.

Bollée, W. (2010), *Samantabhadra deva's Ratnakaraṇḍaka Śrāvakācāra*. Bangalore: Sundara Prakashana.

Dixit, K.K. (2000), *PT. Sukhlaji's commentary on Tattvāthasūra of Vācaka Umāvāi*. Ahmedabad: L.D. Institute of Indology.

Gopani, A.S. (1945), *Riṣṭasamuccaya of Durgadeva*, Siṅghī Jaina granthamālā Singhi Jain series. no.21, Bombay: Bharatiya vidya bhavan.

Jacobi, H. (1844), *Ācārāṅgasūtra in Jaina Sutras. The Sacred Books of the East XXII*:1–213. Oxford: Oxford University Press.

Jacobi, H. (1968), *Uttarādhyayanasūtra in Jaina Sutras. The Sacred Books of the East XLV*, Oxford : Oxford University Press.

Jaini, J.L. (1990), *Tattvārthādhigama sūtra of Umāsvāmi. The sacred books of the Jains*, Vol. Ⅱ. New Delhi: Today & Tomorrow's Printers & Publisher.

Jāmbūvijaya, M. (2007), *Yogaśāstra and Svopajñāvṛtti Vols.I-III*. Bombay: Jaina Sāhitya Vikāsa Maṇḍala.

Kusumprajna, S. (1996), *Vyāvāhār Bhāṣyā*, Ladnun: Jain Vishva Bharati Institute.

Mukhtār, J. (1982), *Ratnakaraṇḍaśrāvakācāra with Prabhācandra's ṭīka*. Māṇikacandra Digambar Jaina Granthamālā 24. Bombay VS.

Municandrasūri, V. (2010), *Vyavahārasūtra with Bhāṣya and Vṛtti*, Surat: Acāryaśrī

Oṃkārasūrijñānamandir.

Qvarnström, O. (2012), *A Handbook on the three jewels of Jainism the Yogaśāstra of Hemacandra*, Mumbai: Pandit Nathuram Premi Research Series Volume 29.

Sharma, P.V. (2010), *Caraka Saṃhitā: Text with English Translation*: Chaukhambha Orientaion.

Tatia, N. (1994), *Tattvārthasūtra together with the combined commentaries of Umāsvatī, Pūjyapāda and Siddhasenagaṇi. as That Which Is*. New York: HarperCollins Publishers.

Whitney, W.D. (1924), *Atharvaveda Saṃhitā* 2 vols., Cambridge MA, 1905; ed. R. Roth & W.D. Whitney, 2 vols., Berlin, 1924.

Woods, H. (1911), *The Yoga System of Patanjali*. Harvard Oriental Series 17. Cambridge: Harvard University Press.

비야사 (2020), 『요가수트라 주석』, 정승석 옮김, 씨아이알.

전재성 역주 (2020), 『비나야삐따까: 빠알리 율장』, 우리말빠알리대장경 비나야삐따까-율장전서, 한국빠알리성전협회.

▶ 단행본과 논문류

김진영 (2014), 「힌두 죽음의례의 신성화 구조와 그 기능-베다 텍스트의 슈라다제 (śrāddha, 祭)를 중심으로」, 『남아시아연구』 19(3).

박병업 (2023), 『인도 형법전』, 신조사.

베르나르 포르 (1997), 『동양종교의 죽음』, 김주경 옮김, 영림카디널.

송현주 (2013), 「종교에서 의례의 의미와 기능」, 『불교평론』 54, 현대불교신문사.

양영순 (2016), 「각성된 죽음, 자이나교의 살레카나」, 『인도철학』 48, 인도철학회.

양영순 (2019), 「자이나교의 요가 명상론 연구」, 박사학위 논문, 동국대학교.

양영순 (2022), 「임종의례로서 살레카나 브라타의 고찰」, 『종교연구』, 82(3), 한국종교학회.

양영순 (2022), 「죽음의 징조 파악하기」, 『원불교사상과 종교문화』 94집.

에밀 뒤르켐 (1994), 『자살론』, 김충선 역, 청아출판사.

이만희 (2009), 「스페인 중세 '아르스 모리엔디' 연구-『좋은 죽음을 맞이하는 법과 짧은 고해규범』을 중심으로-」, 『중남미연구』 제28권 1호, pp. 27-52.

줄리아 아산테 (2015), 『두려움 없는 죽음, 죽음 이후의 삶』, 주순애 옮김, 이숲.

찰스 A. 코르 & 도나 M. 코르 (2018), 『현대생사학개론』, 한림대 생사학연구소 옮김,

谷川泰教 (1977),『チャンダーヴェッジャヤ和訳』, 高野山大學論叢 Vol.12.

藤永伸 (1989),「ジャイナ教の生命観」,『日本佛教學年報』55.

奥田清明 (1976),「ジャイナ教におけるmaraṇaの分類」,『佛教思想論集』, 奥田慈應先生 喜壽記念論文集刊行會 編, 京都: 平樂寺書店.

Ahronheim, J., & Weber, D. (1992), *Final Passages: Positive Choices for the Dying and Their Loved Ones*, Simon & Schuster.

Baya, D.S. (2007), *Death with Eqaunimity: The Pursuit of Immortality*. Jaipur: Prakrit Bharati Academy.

Baya, D.S. (2020), "Relevance of Sallekhanā/Samādhi-maraṇa in Today's Society." In *Sallekhanā, The Jain Approach to Dignified Death*, ed. Jain, Shugan Chand & Christopher Key Chapple: Newdelhi, D.K. PRINTWORLD.

Bhattacharyya, N.N. (1994), ed. *Jainism and Prakrit in Ancient and Medieval India*. 1st ed. New Delhi: Manohar Publishers & Distributors.

Bilimoria, P. (1992), "The Jaina ethic of voluntary death", *Bioethics* Vol.6(4), Oxford, Cambridge: Blackwell Publishers. pp. 331-355.

Braun, W.M. (2008), "Sallekhanā: The ethicality and legality of religious suicide by starvation in the Jain religious community", *Medicine and Law*, Vol.27(4), pp. 913-924.

Braun, W.M. (2015), *Sallekhanā: The Philosophy, Ethics and Culture of the Jain End of Life Ritual*, Ph.D. thesis in Religion, Claremont Graduate University. California,, USA.

Caillat, C. (1977), "Fasting unto death according to the jaina tradition", *Acta Orientalia* Vol.38: pp. 43-66.

Chapple, C.K. (1993), *Nonviolence To Animals, Earth, and Self In Asian Traditions*. 1st ed. Albany, NY: State University of New York Press.

Corr, C.A. (1992), *Adult hospice day care*. Death Studies, 16, pp. 155-171.

Cort, J.E. (2001), "Holy Asceticism", in *Jains in the World: Religious Values and Ideology in India*. Oxford: Oxford University Press.

Das, V. (1976), "The use of Liminality: Society and Cosmos in Hinduism", *Contributions to Indian Society* 10(2).

Donaldson and Bajželj (2021), *Insistent Life, Principles for Bioethics in the Jain Tradition*, University of California Press.

Dundas, P. (2002), *The Jains*. 1st: 1992. 2nd. London and New York: Routledge.

Einoo, S. (2004), "The signs of death and their contexts". HINO, Shoun/ WADA, Toshihiro (Hrsg.): *Three mountains and seven rivers. Prof. Musashi Tachikawa's felicitaion volume*. Delhi: Motilal Banarsidass, pp. 871−886.

Feichtner, A., Weixler, D. and Birklbauer, A. (2018), "Freiwilliger Verzicht auf Nahrung und Flüssigkeit um das Sterben zu beschleunigen Eine Stellungnahme der österreichischen Palliativgesellschaft (OPG)." *Wiener Medizinische Wochenschrift* 7 (8): 168.

Flügel, P. (2017), "Jaina afterlife beliefs and funerary practices", ed. Christopher M. Moreman. *The Routledge Companion To Death And Dying*. London and Newyork: Routledge.

Gaur, K.D. (2020), *Textbook on Indian Penal Code*. 7st ed. : Universal LexisNexis.

Glasenapp, H. von (1942), *The Doctrine of Karman in Jain Philosophy* (Tr. from the original German by G.B. Gifford.) Bombay.

Gogh, E. (2015), *Making a Mantra: Jain superhuman Powers in History, Ritual, and Material culture*. Ph.D. Thesis. Yale University.

H Ltd v J & ANOR, 2010 SASC 176, 15 June 2010.

Jain, S.C. and Chapple, C.K. ed. (2020), *Sallekhanā: The Jain Approach to Dignified Death*. New Delhi: D. K. Printworld.

Jaini, P.S. (1990), *The Jaina Path of Purification*. 1st ed.: 1979. rep. Delhi: Motilal Banarsidass Publishers Pvt. Ltd.

Kazuyoshi, H. (2009), "Fasting unto Death: Holy Ritual or Suicide?" *The 3rd BESETO Conference of Philosophy*. University of Tokyo, Komabaand Hongo, Tokyo, Japan. pp. 10−11.

Lowers, J., Hughes, S. and Preston, N.C. (2020), "Overview of Voluntarily Stopping Eating and Drinking to Hasten Death." *Annals of Palliative Medicine* 2021.10.3.

Maes, C. (2023), "Sallekhanā and the End-of-Life Option of Voluntary Stopping of Eating and Drinking: An Ethical Argument to Consider the Jain Practice of Fasting to Death as Different from Suicide", *Religions of South Asia* 17, no. 3: 323−350.

Patil, N. & Joshi, M. (2023), Rishta Samucchaya: A Jain treatise on Arishta vigyan, *Journal of Ayurveda and Integrative Medicine* 14.

Pope, T. & West, A. (2011), "Voluntarily Stopping Eating and Drinking: a legal treatment option at the end of life", *Widener Law Review*, 17(2), 363-428.

Quill, T.E., Menzel, P.T., Pope, T. and Schwarz, J.K. ed. (2021). *Voluntarily Stopping Eating and Drinking: A Compassionate, Widely-Available Option for Hastening Death*. Oxford: Oxford University Press.

RDMA (2014), *Caring for People who Consciously Choose not to Eat and Drink so as to Hasten the End of Life*. Utrecht: Royal Dutch Medical Association and the Dutch Nurses' Association.

Sanderson, A. (2009) "The Jains Adaptation of the Śaiva Mantraśāstra" in *Genesis and Development of Tantrism*, ed. Shingo Einoo, Tokyo, Institute of Oriental Culture, University of Tokyo.

Schneider, J. (2014), "Vom Omen zum Orakel Bemerkungen zu einigen Todesvorzeichen der indotibetischen Tradition" in *Zeitschrift der Deutschen Morgenländischen Gesellschaft* Vol.164, No.3, pp. 739-766.

Seale, C. etc. (1997), *Awareness of dying: Prevalence, causes and consequences*, Social Science & Medicine Volume 45, Issue 3, August 1997, pp.4 77-484.

Sethi, M. (2019), "Ritual death in a secular state: the Jain practice of Sallekhana", South Asian History and Culture, 10:2.

Setter, S. (1989), *Inviting death: Indian Attitude towards the Ritual Death*, Leiden: E.J. Brill.

Shah, K.H. (2007), "The Jain Concept Of Sallekhana: A Loss Or A Gain?" *National Seminar on BIOETHICS*. Thorale Bajirao Peshwe Sabhagruha. 24th & 25th. pp. 50-54.

Shah, U.P. (1947), "A Peep into the Early History of Tantra in Jaina Literature" in *Bharatakaumudi. Studies in Indology in Honour of Dr. Radha Kumud Mookerji*. Part II. Allahabad.

Sugiki, T. (杉木恒彦) (2007), 『サンヴァラ系密教の諸相—行者・聖地・身体・時間・死生』, 東信堂.

THE MENTAL HEALTHCARE ACT (2017), https://www.indiacode.nic.in/handle/123456789/2249.

Tukol, T.K. (1976), *Sallekhana is not suicide*. 1st ed. Ahmedabad : L.D. Institute of Indology.

Velankar, H.D. (1994), *Jinaratnakośa: An Alphabetical Register of Jain Works and Authors*. Poona: Bhandarkar Oriental Research Institute.

Wiley, K.L. (2004), *Historical Dictionary of Jainism*. 1st ed. Lanham, Maryland: The Scarecrow Press Inc.

Williams, R. (1963), *Jaina Yoga: A Survey of the Medieval Śrāvakācāras*. Delhi: Motilal Banarsidass.

살레카나
자이나교의 자발적 단식 종업사

초판 발행	2025년 4월 7일
초판 2쇄	2025년 8월 20일
지 은 이	양영순
펴 낸 이	김성배
펴 낸 곳	도서출판 씨아이알
책임편집	김선경
디 자 인	윤현경 엄해정
제작책임	김문갑
등록번호	제2-3285호
등 록 일	2001년 3월 19일
주 소	(04626) 서울특별시 중구 필동로 8길 43(예장동 1-151)
전화번호	02-2275-8603(대표)
팩스번호	02-2265-9394
홈페이지	www.circom.co.kr
I S B N	979-11-6856-312-4 93220

* 책값은 뒤표지에 있습니다.
* 파본은 구입처에서 교환해드리며, 관련 법령에 따라 환불해드립니다.
* 이 책의 내용을 저작권자의 허가 없이 무단 전재하거나 복제할 경우 저작권법에 의해 처벌받을 수 있습니다.